黒川伊保子　編著

JN178220

妻のトリセツ

講談社+α《プラスアルファ》新書

はじめに
～女性脳の仕組みを知って、戦略を立てよう～

「妻が怖い」という夫が増えている。

夫側から申し立てた離婚の動機として注目されているのが、妻からの精神的虐待。司法統計（２０１７年度）によると、２０００年度の6位から2位に急上昇している。

精神的虐待というと大げさな気がするが、具体的には、いつもイライラしている、口調がキツイ、いきなりキレる、急に怒り出す、何をしても怒られる、口をきかない、無視する、夫の分だけ家事をしない、人格を否定するような言葉をぶつけてくるといった妻の言動を指す。この本を手に取ったあなたには、多少なりとも心当たりがあるかもしれない。

ほとんどの夫にはその〝怒り〟の本当の理由がわからないし、たとえ理由を聞き出すことに成功し、解決策を提案したところで、妻の機嫌がよくなることはない。それは、妻の望む夫の対応と夫が提案する解決策が根本からずれているからなのだ。

そもそも妻の怒りの理由は、「今、目の前で起きたこと」だけではない。過去の関連記憶の総決算として起こるものなのである。

女性は、感情に伴う記憶を長期にわたって保存し、しかも「みずみずしく取り出す」ことが得意な脳の持ち主だ。日常生活で起こる感情が、さまざまな色合いを帯びており、この感情の色合いごとに体験記憶が収納されているのである。心が動くと、その「感情の色合い」と同系色の引き出しに収納された過去の体験記憶が数珠つなぎになって、一気に引き出される。「感情によって連鎖される記憶」なので、当然、感情が増幅されて溢《あふ》れる。

体験記憶を数珠つなぎで引き出すきっかけになる「感情の色合い」は、まさにトリガー（引き金）であり、それにはネガティブトリガー（怖い、辛い、ひどいなどの嫌な思い）と、ポジティブトリガー（嬉しい、美味しい、かわいいなどのいい思い）がある。

女性脳は、自らの身を守らないと子どもが無事に育てられないため、危険回避のためのネガティブトリガーのほうが発動しやすい傾向にある。身の周りにいる、自分より力が強い者には、特にそうなる。一方で、全身で頼ってくる小さき者にはポジティブトリガーが発動されやすい。「夫にはひどく厳しく、子どもやペットにはべた甘い」が母性の正体であって、男たちがロマンティックに憧れる「果てしない優しさ」が母性なんかじゃないのである。

それゆえ、夫にとっては「たったこれだけのこと」で、しかも10年も20年も前の出来事まで含めて、一気に何十発もの弾丸が飛んでくることになる。問題は、怒りの弾丸で撃たれているうちに、夫が徐々に命を削られてしまうことだ。

夫にとっては、甚《はなは》だ危険で、理不尽な妻の怒りだが、実はこれ、きずなを求める気持ちの強さゆえなのである。母性本能は、生まれつき女性脳に備わっているもので、恋人時代から「理不尽な不機嫌」の萌芽はあるが、特に周産期（妊娠、出産）と授乳期に強く現れ、子育て中はほぼ継続していく。やがて、男性脳を理解して、男への期待のありようを変えられた女性は、自らの感情をだだ漏れしないようになるが、男に期待し続ける女性は、死ぬまでそれが続くことになる。「怒り」は「期待」の裏返し。夫一筋、家庭一筋の妻ほどこうなる傾向にある。つまり、かわいい妻ほど豹変し、夫一筋のうぶな妻ほど一生それが続くことになる。

これが、ほとんどの男性が知らない世にも恐ろしい、結婚の真実だ。だから結婚をするならば、愛らしくて可憐でうぶな女性よりも、度量のある女性を選ぶべきなのだ。とはいえ、どんな女性も多かれ少なかれ、「理不尽な不機嫌」の道に一度は足を踏み入れる。男性諸君は、その真実をしっかりと受け止めたほうがいい。

男にとって結婚の継続とは、女性の母性ゆえの攻撃から、いかに身を守るかの戦略に尽きる。ぼんやりしていたら、生き残れない。家庭を、のんびりくつろぐ癒しの場所だと思ったら大間違い。それは、母親の翼の下にいた時代の「家庭」のことだ。

本書は、脳科学の立場から女性脳の仕組みを前提に妻の不機嫌や怒りの理由を解説し、夫側からの対策をまとめた、妻の取扱説明書である。戦略指南書と言い換えてもいい。要は、「夫」という役割をどうこなすかはビジネス戦略なのだ。男にとって、人生最大のプロジェクトかもしれない。プロの夫業に徹することで、その結果、妻から放たれる弾を10発から5発に減らそうというのが、本書の目的である（なぜ、ゼロを目指さないかは、のちほど）。

家庭という最大のプロジェクトを夫がコントロールし、生き残るための手解《ほど》き書であり、鍵はあなたが握っている。脳科学をベースに戦略を立て、妻のネガティブトリガーを減らし、ポジティブトリガーを増やしてほしい。

この本は、最初の危機が訪れやすい妊娠・出産・授乳期の戦略から解説しているので、結婚したばかり、もしくは妻が妊娠中の夫にぜひ読んでもらいたい。その頃から読めば、夫にとって、これからの結婚生活がだいぶ楽になるはずだ。

しかし、結婚20周年、30周年を迎える夫が読んでも有効である。会話がない、あったとしても妻からのきつい叱責ばかり、という状況を変えるためのテクニックを、さまざまなパターンとともに紹介している。

世の夫にとって、家庭の居心地が少しでもよくなることを念じて。

妻のトリセツ◉もくじ

第2章　ポジティブトリガーの作り方
～笑顔の妻が戻ってくる、意外に簡単な方法～

第1章

辛い記憶「ネガティブトリガー」を作らない

～妻に嫌な思いをさせる発言と行動を知っておこう～

1 何十年分もの類似記憶を一気に展開する女性脳

すでにケリがついたはずの過去の失敗を、まるで今日起きたことのように語り出し、なじる妻。これは、男の飲み会で妻の愚痴として出てくる定番のテーマだ。

「はじめに」でも触れたが、女性脳は、体験記憶に感情の見出しをつけて収納しているので、一つの出来事をトリガーにして、その見出しをフックに何十年分もの類似記憶を一気に展開する能力がある。つまり、夫が無神経な発言をしたら、「無神経」という見出しがついた過去の発言の数々が、生々しい臨場感を伴って脳裏に蘇ることになる。だから、「つわりがひどくてふらふらだった私に、あなたなんて言ったか覚えてる？」と涙ながらに訴える、そのときのおなかの子がすでに30代、なんてことはざらにある。実に理不尽極まりない。

2 人生最大のネガティブトリガーを作り出す周産期・授乳期

過去の体験記憶を臨場感たっぷりに想起し、何十年分もの類似体験記憶を一気に引き出す力は、女性脳が子育てのために備えている標準装備だ。

人類は一個体が残せる子どもの数が少ないので、子育ては常に「新しい問題」に直面する。それを何百世代にもわたって培ってきた女性脳は、いつからか「新たな命題に対して、人生の記憶を総動員して瞬時に答えを出す機能」を備えるようになったと考えられる。

たとえば、夜中に子どもが高熱を出したとき。「熱が高いのに、顔が青ざめている。これはいつもとは違う。救急車を呼ぶべきか……」と、女性はこれまでの発熱シーンを思い返して、現在の状況を確認する。そして、上の子の同じようなシーンのみならず、数年前に公園でママ友が話していた体験談、さらに、自分自身が幼かったときの記憶まで総動員して、今、目の前で起きていることにどう対処すべきかを、即座に判断する。すなわち、女性脳は目の前の問題解決のために、過去の関連記憶を瞬時に引き出してダイナミックな答えを出す、究極の臨機応変脳なのである。

特に、怖い、辛い、ひどいといった危険に伴う体験記憶は、子どもを守るために「とっさに発動すべき」第一級重要情報であるがゆえに、それを引き出すネガティブトリガーは、周産期（妊娠、出産）と授乳期に格段にパワーアップする。だから、この時期の夫の無神経な発言や行動は、一生残る辛い記憶、傷となって、繰り返し持ち出され、いつまでも消えることがない。

周産期・授乳期の妻は満身創痍

さて、周産期・授乳期に作り出されるネガティブトリガーへの対策は、周産期や授乳期の妻が現在いる夫と、もうすでに子どもが成長し、過去にやらかしてしまっている夫では、方法が異なる。

まずは、周産期・授乳期の妻がいる場合。

妊娠中、出産後、授乳期と、女性ホルモンの量は目まぐるしく変化する。

プロゲステロンは、胎児に栄養を送るために必要な胎盤を完成させ、子宮の収縮を和らげて流産を防ぎ、乳腺を発達させる役割を担う。分泌のピークは妊娠8〜9ヵ月で、それ以降は出産まで減り続け、出産とともに激減する。エストロゲンは子宮を大きくする役割があり、母乳を運ぶための乳管を発達させる。

また、妊娠中に脳の下垂体前葉から分泌され始めるプロラクチンは、母乳を作り出す作用があり、妊娠中は、エストロゲンによって抑制されているが、出産を終え、授乳期になると、赤ちゃんがおっぱいを吸うことで刺激され、分泌が活発になり、母乳が生成される。

ホルモンだけではない。妊娠すると、胎児や胎盤に栄養素を送るために、循環血液量が約40%も増加する。同時に胎児の発達に合わせて、多くの鉄が必要となる。母親の栄養状態とは関係なく、胎児はどんどん鉄を吸収していくので、食事からの鉄分で補えない場合は、肝臓・脾臓などに蓄えられている貯蔵鉄を利用するが、貯蔵鉄がもともと少ない場合、母体は貧血となる。また、その状態で、出産後は鉄をはじめとする栄養分を母乳として与え続けているのだ。

長々と説明したが、つまり周産期・授乳期の妻は、激しいホルモン量の変化に翻弄され、栄養不足で、寝不足で、自分で自分をコントロールすることもままならない「満身《まんしん》創痍《そうい》」の状態であることを、まず理解するべきだろう。

女友達として接しよう

この時期、女性脳は男女の情愛という乱暴さ——これは意外と乱暴なもの——に耐えられないと感じている。まして、一日中、小さくて清らかな赤ん坊と過ごしている妻は、夫の言動、存在そのものが乱暴であり、ひどくガサツに見える。

仕事から帰るなり、妻から「デカイ！」だの「臭い！」だの、まるで汚いもののように言われて、夫が傷つき、関係にヒビが入る夫婦も多い。しかし、これは妻の満身創痍状態からくる一時的な心の変化だ。そのことを知っておくと、いちいち傷つく必要もない。「おっぱいをあげている間はしょうがない」とわかっているだけで、ちょっと楽になれるはず。この時期は、オトコ風を吹かせず、妻の女友達のように接することを心がけよう。

女の会話の目的は共感

「女友達のように」と言われたところで、具体的には「何をどうすればいいのかわからん」というのが男の実感だろう。

妻が女友達と話しているのを聞いていると、「そうそう！」「わかる、わかる！」と大げさに相槌を打っているのに気づくはずだ。そのうち、一人が「駅の階段でつまずいて転びそうになったの！」と言い出したので、耳をそばだてていると、「え〜怖い！　先の細いパンプスだと、引っかかるよね〜」「わかるわ〜、あぶないよね〜」と口々に言い交わしている。また、そのうち、なんの脈絡もなく、昨日行ったレストランの話に移っている。

会話の主たる目的が問題解決である男性脳は、こういう会話が理解できない。「階段でつまずいて、転んで怪我をした話」ならわかる。だが「つまずいて、転ばなかった話」をする意味がわからないし、オチのない会話は苦痛でしかない。できることなら、「そんなかかとの高い、つま先のとんがった靴を履くのをやめるべきではないか」とアドバイスの一つもしたくなるところだ。

女性脳は、他人の体験談を自分の知恵に変える

男性脳には意味のないこれらの会話は、実は女性脳にとって大きな意味を持つ。

女性脳の、最も大きな特徴は、共感欲求が非常に高いことである。「わかる、わかる」と共感してもらえることで、過剰なストレス信号が沈静化するという機能があるからだ。それによって、怖かった、悲しかった、痛かった、寂しかった、惨めだった、辛かったという神経回路のストレスが軽減される。逆に共感が得られないと一気にテンションが下がり、免疫力も下がってしまうのだ。

もう一つ、共感は女性脳にとって知的行為の核でもある。先述したが、女性脳は、体験データ（記憶）に感情の見出しがついているので、ある感情が起こったとき、その感情の見出しをフックにして、類似の体験データの数々が、芋づる式に一瞬で引き出される。面白いのは、他人の体験であっても、共感して感情の見出しがつけば、自分の体験

と同じように扱える点だ。他人の体験談を「とっさの知恵」に変えるのが、共感という行為なのである。

つまり、女友達が、「階段でつまずいて、転びそうになった怖さ」に共感すれば、自分が同じようなつま先の細いパンプスを履いて駅の階段を下りるときには、無意識のうちに手すりのわきを行くことになる。オチのない話が、明日の自分を救うのだ。男たちの言う「女の無駄話」が、子どもたちを危機から救い、夫の将来の介護に役立つ。女の会話に「無駄話」はないのだ。

女性脳は、この重要性を知っている。このため、よるとさわると、自分の身に起こったささやかなことを垂れ流すようにしゃべり合い（これは相手への知のプレゼントなのだ）、盛大に共感し合って、相手からの「知のプレゼント」を「とっさに使える知恵」に変えて、脳にしまい込む。それが、井戸端会議の正体であって、かなり知的な行為なのである。

女が、男との会話を不毛に感じるのは、男たちが「自分の身に起こった、ささやかなこと」をプレゼントしてくれないからだ。「今日会社で、こんなことがあってさ」みたいな話。オチがなくていいのである。「お茶を入れようと思ったら、お湯がなかった。昼一番なのにポットが空《から》って、そりゃないよな」みたいな話で十分だ。小さな愚痴ほど価値がある。

共感のプレゼント大会に参加せよ

ついでに、「当番の新人さんに何かあったんじゃないの？」なんて、女性らしい妻の気づきに、「あー、そう言えば、そうだった」なんて夫が溜飲を下げたりして、なんらかの役に立ったと思えれば、妻としては「夫の人生に参加している」感を得られて、結婚満足度が上がる。

解決策がなくても、女性は必ず「あー、それはがっかりね。今どきの若い子はダメね」なんて、愚痴への共感で落としてくる。女性は、共感されるとストレスが解消される脳の持ち主なので、共感こそが、相手の脳への最大のプレゼントなのである。

つまり、女の会話とは、「日常のささやかな体験」を相手にプレゼントし、受けたほうは共感で返して、「しばしの癒し」をプレゼントする、いわば共感のプレゼント大会なのだ。なのに、男は、どちらのプレゼントも出しおしみする。……というか、子育てに疲れている妻に、会社のつまらない話なんて到底聞かせられない、という男心で、封印してしまう。さらに、男性脳にとっては、共感よりも問題解決こそがプレゼントなので、共感を端折って、「○○すればいいんじゃない？」「やらなくていいよ、そんなもん」と、いきなり問題解決してしまうのだ。

かくして、女たちは、「思いやりがない」「私の話を聞いてくれない」「いきなり、私を否定してくる」となじってくるのである。

大切なのは夫が共感してくれたという記憶

というわけで女友達のように接するとは、「オチのない、ささやかな体験話（小さな愚痴や小さな発見）」をプレゼントし、相手からそれがあったときは、しっかりと共感して、相手のストレスを解いてやることだ。男性は、自分から話題を提供するのがかなり難しいので、最初は、ひたすら共感することから始めるといい。もちろん、心から本当に共感できなくても大丈夫。共感するフリでいい。

たとえば、帰宅するなり、「〇〇（子どもの名前）が、寝かせると泣くから、ず〜っと抱っこしていて、腰が痛くなった」と訴えられたとする。その場合になんと答えるべきか。

①「抱き癖がついたんじゃないか。泣いても抱くのをやめたら」

②「明日、病院に行って、腰を診てもらえよ」

これは、どちらも不正解。

①は、「抱っこ」に問題があるとして、抱っこをしないようにする解決方法を提案しているし、②は腰の痛みに問題があるとして、その解決方法を提示している。しかし、妻が求めている正解は、「一日中、抱っこしてたの？　そりゃ腰だって痛くなるよ。本当に大変だったね」だ。解決策は必要ない。

あとは、「今日一日がどんなに大変だったか」を「うん、うん、わかるよ」「ひゃ～、そりゃ大変だ」と頷きながら聞いていればよい。

共感のフリは男性脳にとってストレスだが、地雷を踏んで一晩中泣かれるよりはずっとマシ（しかも、一生言われる可能性もある）。面倒くさくても、周産期・授乳期にしっかり「女友達」をやっておくと、妻の心には「私が本当にしんどかったとき、夫は優しく寄り添ってくれた」という記憶が残る。その後、多少、気が利かないことをしても、共感してくれなくても、「冷たく見えるけど、実は優しいところがある夫」としてインプットされるのだから。
「おっぱいあげている間はしょうがない」と呪文のように唱えながら、ここは乗り切ってほしい。

地雷を踏むセリフに気をつけよう

共感が何よりも大切なこの時期に、共感どころか、一生の傷になるセリフを何気なく口にしてしまうのが男性脳。本人は悪気がないのに、妻を傷つけてしまうひとことをリストアップしてみよう。

つわりで苦しんでいるときに
「お袋が、つわりは病気じゃないって言ってたぞ」
「気の持ちようだよ」

「（匂いで）具合が悪くなるなら、ご飯作らなくていいよ。食べてくるから」

出産直後に
「あっという間だったな！」
「楽なお産でよかったね」
「すんごい顔してたよ（笑）」

出産後の授乳期に
「今日一日何してたの？」
「ご飯ないの？」

家事、育児の大変さを愚痴られたときに
「俺のほうがずっと大変」

「手伝ってるじゃないか」

「一日中、家にいるんだから（できるでしょ）」

夜中赤ちゃんが泣きやまないときに

「君は昼間一緒に寝られるからいいじゃないか」

これらは、夫からするとそれほど大したことを言っているつもりはないだろう。が、命がけで子どもを産み育てている妻を殺すひとことだ。

つわりで苦しむ妻に対し、思いやりのつもりで自分だけ外食したり、弁当を買ってきたりするのもNG。身動きのとれない妻の命綱は夫である自分が握っているのだと自覚し、必ず妻の食べたいもの、飲みたいものを聞いて、可能なかぎり希望を叶えなければいけない。

命をかけて出産した妻に向かって、自分が産んだわけでもないのに、「楽なお産」など言ってはいけない。

育児中の妻への勘違いアドバイスも厳禁だ。赤ん坊が泣いてばかりいる、寝ない、おっぱいを飲まない、体重が増えない、家事ができない、とイライラしている妻は、実は責任感が強く、うまくいかないことに対して、自分自身に強い憤りを感じている。そこを、夫が指摘すれば、一気に絶望的な気分になってしまうのだ。

散らかり放題の部屋で泣いている妻には、「心配するな。俺がなんとかする！」と声をかけて抱きしめよう。ご飯がなければ、冷凍うどんと卵で釜玉うどんでも作る。これだけで、妻は十分嬉しい。ネガティブからポジティブへと記憶が変わる瞬間だ。

挽回は穏やかな時間をねらうと効果的

さて、ここまでを読んで、「取り返しのつかないひとこと」を思い返して遠い目をしている、過去にやらかしてしまった男性諸君。もし妻が、未だにそのときのことを恨んでいるのなら、そのネガティブトリガーを慰撫《いぶ》する方法もある（残念ながら完全ではなく、再び恨みが蘇ることもあるのだが）。

これは、妻が怒っている最中に行ってもあまり意味がない。とはいえ、「またその話か（ため息）」「何回謝れば気がすむんだ！（逆ギレ）」は、絶対にやめよう。年々重みを増すネガティブトリガーの芋づるを盛大に引っ張り出すことになるだけだ。

まず、知っていてほしいのは、「なじる人は傷ついている」ということだ。1週間前の出来事であろうと、30年前の出来事であろうと、なじっているのは、今、この瞬間も心が傷ついているからなのである。

解決方法は、真摯《しんし》に謝る。それしかない。「もう何度も謝ったけど」と思うかもしれない。しかし、男性は謝っているつもりで、なんでそれを言ってしまったか、やってしまったかの理由や原因を言い募りがちだ。

たとえば、待ち合わせに遅れたとき「出る間際にクライアントから電話がかかってきちゃって。ごめん」などと言う。それは言い訳であって、「だから、自分は悪くないんだよ」としか聞こえない。女性が望んでいるのは、一人で待っていて、心細かった、その気持ちに気づいてほしいということだ。だから、正解は「君に心細い思いをさせてしまって、本当にごめん」である。

周産期・授乳期に作ってしまったネガティブトリガーへの慰撫は、ふたりで穏やかな時間を過ごしているときがいい。たとえば、兄弟や親しい友人に子どもが生まれたとき、テレビドラマで出産シーンを観ているときに、「お産というのは、男の想像を超える大変なものなんだね。○○（子どもの名前）のときには、君には本当にかわいそうなことをした。辛い思いをさせたね」と、しみじみ言って頭を下げよう。

3 話し合いはビジネスプレゼンのメソッドで

妻とは、ことごとく意見が合わない……。いや、意見のみならず、こちらが暑がりなら向こうは寒がり、向こうが神経質ならこちらは大雑把といった具合に、感性が真逆という夫婦は多いはずだ。というのも、恋に落ちる男女は、生物多様性の論理に則《のっと》って、感性が真逆の相手を選んでいるからにほかならない。

地球上の生物のほとんどは、生殖をその存在の第一使命としている。生殖して遺伝子を残す。その最も効率的な方法は、「タイプの違う相手との掛け合わせ」と「生殖機会ごとに相手を替えること」。感性が違うほど、遺伝子は多様性を極め、子孫の生存可能性が高まることになるからだ。

感性が真逆の相手に惹かれる理由

動物は、フェロモンと呼ばれる物質によって生殖相手を取捨選択しているといわれている。フェロモンは、生殖ホルモンに連動して分泌される匂い物質で、その匂いの種類が遺伝子の免疫抗体の型に対応している。つまり、動物は匂いで自らの免疫抗体の型の種類を知らせているのである。

そのフェロモンを作り出しているのが「HLA遺伝子」。この遺伝子は人の体臭にそれぞれの個性を与え、異性に対する好き嫌いの感情に影響を与えている。人は自分と異なるHLA遺伝子から発せられる匂いに惹かれることが明らかになりつつある。

HLA遺伝子は、いわば白血球の血液型のようなもので、両親のこの型が違うほど、子のHLA遺伝子の多様性が高くなり、免疫抗体のバリエーションが増える。よってこの遺伝子の型が違えば違うほど、男女は強く惹かれ合うという。

免疫抗体の型は、その個体の生態としての感性を決める。この型が異なる相手と子どもを作れば、子孫のバリエーションが増えるというわけだ。簡単に言えば、寒さに強い個体と暑さに強い個体が交配すれば、子孫にはどちらの型も混じる。地球が温暖化しても寒冷化しても、誰かは生き残る。だから神経質と大雑把、せっかちとのんびりなど、感性が真逆で相性が悪いと感じる夫婦ほど、生殖相手としての相性は抜群なのである。

逆に、好きな食べ物も、好きな映画も、笑いのツボも一緒という夫婦は、相手にイライラすることが少なく、まるで親友のような穏やかな関係を築くことができる。その代わり発情しにくいので、セックスレスになりやすい。

意見が違ったらゲインを提示しよう

さて、ここからが本題。

感性が真逆の夫婦であっても、子どもの教育方針、家、親の問題など、どうしても話し合って意見をまとめなければいけないときがある。しかし、いくら話しても平行線。ついには夫婦喧嘩にまで発展してしまう。そんなとき、どのように対応すれば妻のネガティブトリガーを引かずに、問題解決ができるのかを考えてみよう。

まず、多くの夫が気づかずにやってしまうのが、いきなり否定形を使うこと。

たとえば、妻は長男に私立小学校を受験させたいが、自分は公立の小学校に入れたい場合。妻に「私立を受験させたい」と相談されて、いきなり「受験の必要なんてない」「うちにそんな余裕はないでしょ」「親同士の付き合いだって大変だ」とやってしまう。妻は自分の主張のメリットしか言わず、夫は相手の主張のデメリットしか言わない。これでは、いくら話し合っても折り合いがつかないはずだ。

そんなときこそ、男性が得意な「ビジネスプレゼン」のメソッドを思い出してほしい。簡単に手順を説明すると以下のようになる。

①双方の提案に対して、互いにメリットとデメリットを挙げる。
②実際に調べて検証する。
③デメリットを回避する消極的なメリットではなく、互いのゲイン（手に入れられるもの）も示す。
④以上を踏まえて、結論を出す。

ここでは、実際にあった「妻は私立受験」「夫は公立」の例から解説する。

夫は当初、私立に入学させた場合のメリットで頭がいっぱいになっている妻に対し、「長男を私立に入れたら、下の二人だって私立に入れなきゃいけない。うちの経済力では無理がある。しかも、無理をしてまで、私立に行かせるアドバンテージを感じない。自分自身は公立から国立大学に行ってなんの問題もない。男の子は小・中学校は公立で十分」と主張した。

夫にとっては正論だが、ここで間違っているのは、妻の主張に対する否定でしかないことだ。これでは、妻の気持ちが拗《こじ》れてしまう。ビジネスプレゼンと同様に、公立に入学した場合のメリットとデメリット、私立に入学した場合のメリットとデメリットを検証すべきである。

実際に行ったのが、

①公立に対して偏見があるのかもしれないので、夫婦で希望する私立だけでなく公立の小学校も見学に行く。校長先生などに話を聞く。周りの環境も見る。

②実際に公立、私立に子どもを通わせている友人、知人に話を聞く。公立の一番のメリットは近所に遊び友達がいること。私立では、夏休みなどに遊び相手がいない。デメリットは、教育水準が希望している私立に比べて劣る。中学受験、もしくは高校受験が必要。

③男として、息子が将来別の場所に暮らしていたとしても、帰ってきたらみんなが集まる、そういう地元のテリトリーを作ってやりたい。そのためにも、せめて小学校は

自宅近くの公立に通わせたいと提案。
④夫婦で、公立小学校の周囲にある公園で、多くの男子小学生が楽しそうに遊ぶ様子も見学。
以上を踏まえて、妻が十分に納得した上で、長男の公立小学校入学を決めた。

妻を説得する上で、特に大切なのは③。相手のデメリットの反対、たとえば「私立は学費が高いが、公立なら安いから無理をしなくてよい」という、〜しなくてよいといった消極的なメリットではなく、それをすることによって得られるゲイン、つまり「手に入れられるもの」を提示することが重要だ。

この方法は、日常のシーンにも応用できる。たとえば休日に夫婦で外出し、ランチをとることになった。妻はパスタが食べたいと言い、夫はそばが食べたいとなったとき。「油っこい」「太る」といったパスタのデメリットではなく「ここの新そばは、この時季しか食べられない」「君の好きな日本酒に合う美味しい肴《さかな》もある」など、相手が嬉しくなるようなゲインを伝えると、プレゼンが通りやすくなる。

少々面倒くさくはあるが、ものは言いようだ。自分の提案を気持ちよく通すには、「妻相手にこそ、ビジネスプレゼンを」と心得よう。

4 妻をえこひいきすると、実家ストレスが解消する

男には見えないことの一つに、家庭内の女女問題がある。

女性脳は、半径3メートル以内を舐《な》めつくすように〝感じ〟て、無意識のうちに支配している。その空間を自分の思い通りに制御できないと、「見落としていることがある」感覚に陥り、不安と不快感が募り、ストレスがたまる。

嫁姑が互いにイラつくのは、この「制御領域」がぶつかり合うケース。できる主婦は、台所やリビングをミリ単位で認知し、無意識のうちに完全制御している。このため、自分の置いたものを動かされたり、動線をさえぎられることに大きなストレスを感じるのである。ときには、夫でさえも入ることを嫌う。

姑にしてみれば、できる嫁ほど、当然のことのように、自分（実家）のルールを持ち

込んだりするのだから、たまらない。かといって、何も手伝わない嫁も腹が立つ。女と女の見えないバトルは、男性から見たら、何かしらの強いストレスの結界を感じるだけで、手も足も出ないのである。

賢い嫁は、姑の結界に、無邪気ながらに、ややおずおずと入り込み、やがて共通ルールを増やしていく。賢い姑は、かつて自分が感じた「姑の結界での疎外感」を思い出して、嫁をいたわる。要は、双方の察する能力と思いやり。これがどちらかに欠けていると、嫁姑間だけでなく、実の母娘でもバトルを繰り返すことになる。

実家ストレスのキーマンは夫

とはいえ、男が、「互いの思いやりが大事だ」なんて、ゆめゆめ説教してはいけない。その結界が見えない者に、口を出す権利はないのである。

一方で結界が見えない者だからこそ、結界を緩めることができる。

妻が、夫の実家に帰るとき、夫の両親がけっしていじめるわけではないのに、妻が暗い顔をするのは、しかたのないことだと受け入れよう。自分らしく振る舞うと、姑にイラッとされるのがわかっているのだが、かといって、遠巻きにしすぎると「気の利かない嫁」と思われるような気がする。愛する夫の両親に嫌われるのも悲しい。その距離感が難しくて、妻は強いストレスを感じているのである。「気にすることないよ」だなんて、なんの気休めにもならない。

しかし、夫が、無邪気に姑と嫁の間に入ってくれると、結界が緩んで楽になる。夕飯の支度の際に、妻よりも先に、自分が「母さん、手伝おうか」と台所に入ってしまうのもいい。「〇〇（妻の名前）、君もこっちへおいで。母さんがごまよごしを作るから見てて」なんて、言ってあげたらいい。そうして、さりげなく、嫁を結界に入れてやるのである。

「おまえ、家事をやらされてるんだね、かわいそうに」なんて言われてもひるんではいけない。「母さん、何、時代遅れなこと言ってるの？　脳科学的には、家事がうまい男は出世するらしいよ」と明るく言い返そう。

また、共働きの妻は、盆暮れなどのまとまった休みは、家族水入らずゆっくり過ごしたいというのが本音だ。夫にとっては気の休まる自分の実家であっても、妻にとっては職場よりも気が張る場所であると心得るべし。実家に妻を連れて行ったときは、「○○は、日頃は仕事と家事の両立で疲れているから、ここに来たときはゆっくりさせてやってほしい。娘みたいに思ってやって」と先手を打とう。

嫁姑の結界問題は、言葉一つで解消できることもある。しかし、嫁からは言い出せない。母（姑）が言ってくれないのなら、息子（夫）が言わなければ。

母と娘にも女女問題がある

そして、もう一つ、家庭内で、自我がぶつかる女女問題がある。

妻と娘のそれである。

生まれつき、右脳と左脳が密度濃く、かつ頻度高く連携している女性脳は、感じたことをつぶさに自覚している。人生のとても早い時期から、自分の気持ちを認知しているのである。4歳にもなれば、大人の女性とほぼ同じ自我を持ち合わせていると言っても過言ではない。自分が何者で、今、何をしたいのかをちゃんと知っていて、何かを主張し出したら、一歩も引かない。他人の歓心を得るすべもちゃんと知っている。

しかも、自分の興味のある対象への観察力は半端ない。母親本人が気づく前に、「ママ、太った？」なんて言ってくるし（しかも、これが当たっている）、「ママは、こないだ、違うことを言ったよね」なんていう厳しいダメ出しもある。

つまり、娘は、母親にとって、頼もしい女友達であると同時に、かなり手ごわい同居人なのである。

その妻と娘が対立したとき、男がとる道は、ただ一つ。あくまでも、妻の味方をすることに尽きる。たとえ、子どもの主張が当たっていても、それを緩やかに認めたうえで、「それでも、大切なママに、そんなひどい口を利くことを、パパは許さない」と毅《き》然《ぜん》とした態度をとるべきである。

妻と子どもが対立する原因のほとんどは、子どもの側の怠惰を戒《いまし》めたり、欲望を制動することに端を発していて、妻が正論であることが多い。しかし、日頃から妻の小言に辟易《へきえき》している夫は、つい子どもに「おまえの気持ちもわかるよ」などと言ってしまいたくなる。子どもが、一人前に妻の言い分の矛盾点などを突いたりして、小気味よいと感じることさえあるはずだ。

しかし、妻を侮辱する夫の対応は、娘の未来を幸せにしないし、息子の将来にも影を落としてしまう。

娘の「自我のリストラ」は父親の責任

齢《よわい》4歳にして一人前の女性脳の自我は、そのまま肥大させると、思春期には驚くほど大きくなる。脳の中で、「自分」が「世界」よりも大きくなってしまうのである。前髪がちょっと決まらないだけで、学校に行きたくないくらいの「大事件」になってしまう。周りの人々すべてが、自分を見ているような気分から、抜け出せないのだ。やがて、無邪気に一歩前に出る気持ち、すなわち、のびやかさを失ってしまう。

そのまま社会に出れば、仕事の不出来を指摘されただけなのに、人格を否定されたような気がして、気持ちが揺れる。周りからねぎらわれたり、褒められたりしなければ、自己の存在意義が確認できず、不安になる。結果、誰にも認められる「いい子ちゃん」を演じて生きることになり、自分を見失う。

自我が強すぎる女は、本当に生きにくいのである。

少女が大人になるということは、この過剰に肥大した自我が、等身大に見えるまでの道のりだ。客観性を養い、自分が思うほど周りは自分を気にしてはいないことを、娘は思い知らなければならない。

「自分の正論」が、この世の正解のすべてではない。そのことを、深い愛情をもって知らしめることができるのは、父親だけかもしれない。妻と娘が対立したときこそ、その絶好のチャンスなのではないだろうか。

父親がやるべきことは、妻と娘がもめていたら、どちらの言い分が正しいかをジャッジすることではない。「どちらが正しいかは関係ない。お母さんを侮辱した時点で、おまえの負けだ」と娘に告げることだ。

娘は、どんなに反発していても母親を大切にする父親を嫌うことはない。むしろ、父親の強さと頼もしさを知ることになる。

息子の思春期に妻の心を取り戻そう

息子がいる家庭の場合は、この女性脳を慰撫する役目を息子が引き受ける。幼い頃は「ママが一番きれい」「ママが一番好き」と毎日のように言い、少し大きくなれば重い荷物を持ち、そして、成長しても、息子は基本的に母親に優しい。

だからといって、夫が息子に妻のお守《も》りを任せきりにするべきではない。息子が思春期になったら、その役目は夫の手に取り戻そう。そうでないと、息子は自立できないこともある。

また、息子が妻に反抗した場合は「俺の大切な妻に、そんな暴言は許さん！」と毅然と言おう。息子の暴言を見て見ぬふりをする父親は、軽蔑されても尊敬されることはない。何よりも、子どもたちに対して「妻が一番大切だ」と宣言することは、妻の心に響く。このひとことがあれば、一生夫と寄り添っていけるという妻も少なくない。

また、こういう夫であれば、必然的に妻も夫を大切にし、何かにつけて夫を立てるようになる（はず）。これが、息子にとって大きな意味を持つ。

あなたは息子が目標にできる「行き先」になれるか

生まれつき空間認識力が高い男性脳は、距離や位置関係の把握に敏感だ。その昔、地図も標識もＧＰＳもない時代に、荒野に狩りに出て、再び洞窟に戻ってこられたのは、見渡す限りの空間を、目印となる木や山、星などとの位置関係から瞬時に測り、一気に把握する能力を持っていたからだ。その力は、今の男性脳にも受け継がれている。

男の子は、生後8ヵ月でおよそ3メートルの鳥瞰《ちょうかん》（上から見下ろす仮想目線）があるといわれている。8ヵ月といえば、まだハイハイの頃だ。その時点ですでに男性脳は、3メートル上空から自分のいる場所を眺めるような仮想目線で世の中を把握している。8畳間くらいのリビングなら、その全体のかたちや、置いてあるものの位置関係を把握し、自分が全体の中のどこにいるのかを意識しながら遊んでいる。

小学生になれば、公園を真上から見た、滑り台が展開図になっているような構図で絵を描く男児もいる。まるでドローンで撮影したような絵を、何も見ないで描いてしまうのだ。ひいては、メカを組み立て、高層ビルを建てて、飛行機のみならずロケットも飛ばしてしまう。

日常からかけ離れた世界観を掴むのにも同様の能力を使う。世界経済を語りながら、宇宙に想いを馳せるのが男性脳だ。

このように、空間認識力が高く、ものの位置関係に敏感な男性脳は、人間同士の位置関係、すなわち序列にも敏感だ。誰が上か下かが気になるから、それを無視した行為は、非常に不快に感じるようにできている。

序列が気になり、常に目的地を目指す男性脳は、自分の行く先の立場がどういう状態なのかを観察している。「行く先」の素晴らしさの提示は、男性脳のモチベーションを上げる大事な要素なのである。

これは家庭の中でも同様だ。勉強を頑張り、必死に働いた挙げ句、妻にないがしろにされている父親が「行き先」では、息子は道に迷ってしまう。妻から「家で一番偉いのはお父さん」と言われる父親がいてこそ、息子はモチベーションが上がり、自我を確立していける。

とはいえ、ふだんは妻をいい加減に扱っていながら、急に息子のために俺を立てろと言っても「ハイハイ」と言う妻はいない。何があっても妻の味方でいる。この一貫した姿勢が妻の信頼を勝ち取り、結果、娘と息子の未来を幸せにする。

5 「名もなき家事」がふたりを分かつ

　朝、目玉焼きにウースターソースをかける。トイレに入ってトイレットペーパーを使う。歯ブラシに歯磨き粉をつける。曇りのない鏡に向かって髭《ひげ》を剃り、清潔なタオルで顔を拭《ぬぐ》う……。夫である男性諸君は、毎朝の自分の行動になんの疑問も抱いていないはずだ。いつもあるべきものがそこにあるだけなのだから。

「平成28年社会生活基本調査　生活時間に関する結果」（総務省統計局）の、6歳未満の子どもを持つ夫婦のデータによると、夫の一日の家事関連の平均時間が83分（家事や育児時間などの合計）であるのに対し、妻は454分。ちなみに、共働きで子どもがいる夫婦の場合、夫は46分、妻は294分。妻側の離婚理由にこの不公平感が大きく関わっているのは、この数字からもよくわかる。

洗濯は洗濯機が、掃除はお掃除ロボットが、食器洗いは食洗機が担う家庭が多くなった現在、夫としては「家事にそんなに負担がかかるか?」というのが本音かもしれない。しかし、料理、洗濯、掃除、窓拭き、ゴミ捨てといった「名前のある家事」以外に、「名もなき家事」があることに、目の前の観察力の低い夫はほとんど気づいていないのが現実だ。

たとえば、「夫がしている家事」の上位にくるゴミ捨て。この場合のゴミ捨ては、ゴミの入った袋をゴミ置き場に移動させることを指す。しかし実際にゴミがゴミ袋に収まり、移動可能な状態になり、次の新しいゴミ袋がセットされるまでに必要な手順は以下の通り。

①分別の仕方を理解し、それぞれのゴミに合ったゴミ箱を複数用意し、動線や見た目を考えて設置する。

②ゴミ袋を分別の種類ごとに用意する。
③分別種類ごとの収集曜日を把握する。
④分別してゴミ袋に入れる。
⑤不快なゴミが外側から見えていないか確認する。
⑥袋に破れがないか、持ち手は汚れていないかチェックする。
⑦空気が入らないように、または抜きながらゴミ袋の口をしっかり結ぶ。
⑧ゴミ捨て場に持って行く。
⑨ゴミ箱が汚れていたら洗う。
⑩新しいゴミ袋をゴミ箱にセットする。

たいていの夫が「ゴミ捨て」と思って行っているのは⑧のみ。妻からすればほかに9工程もある。さらに言えば、④の分別には、生ゴミ、可燃ゴミ、不燃ゴミ、資源ゴミがあり、資源ゴミには、ビン、カン、ペットボトル（ペットボトルのふたは別に集める、ペットボトルに巻きついているラベルははずす）、新聞紙、雑誌、段ボール、牛乳パック、布などなど、さらに細かい分別が必要となる。それらを洗ったり、つぶしたり、縛ったりする作業が必要だ。

洗濯もしかり。用途に合わせて洗剤を揃える。白物と色物に分ける。普通洗いの洗濯物とおしゃれ着洗いの洗濯物を分ける。えり、袖口、靴下など汚れがひどい場合は、洗濯機に入れる前に予洗いをする。洗い上がったら、一つひとつシワを伸ばして干す。色物は裏返して干す、など。ただ汚れものをポンと洗濯機に放り込めば、清潔な衣類となって目の前に出現するわけではない。

調味料や日用品をチェックして、切れる前に買い足す、詰め替え用のものは詰め替えるといった家事も、黙々とこなす。

また、妻たちは、日々「ついで家事」を行っている。トイレに立つついでにリビングのテーブルに置かれたコップをキッチンに持っていく、歯を磨くついでに鏡も磨く、出入りのついでに玄関の靴の埃《ほこり》を落として下駄箱にしまう、など。これもリストアップしていくとキリがない。

名もなき家事が妻を追い詰めている

これらの家事は、子どもが生まれると、飛躍的に増え、しかもまったく思い通りにいかなくなる。コレをやろうと思っているところで、投げたおもちゃが取れないと癇癪《かんしゃく》を起こす。アレをしようと立ち上がると、牛乳をこぼす。ようやくソレをし始めると、吐いたり、ウンチをしたりする……。結果、名もなき家事はどんどんたまり、できないことに妻はストレスを募らせていくことになる。

そこに、夫の無神経な行動と発言である。夫はトイレに立っても、目の前の汚れたコップを下げようとはしないし、トイレの帰りに、キッチンに寄って水を飲んで、そのコップをそのまま放置して、家事を増やしさえする。

さらに、調味料や日用品が切れようものなら、「ママ、ソース切れているよ〜。一昨日からないじゃん」などと、平気で口にする。

妻の怒りは、こうした名もなき家事に、実は夫は気づいていながら（実際は気づいていないのだが）、どうせ妻がやるだろうと思っているということにある。たとえ、夫が気づいていないことがわかっても、それはそれで非常に腹立たしい。

いずれにしても妻は、キリのない名もなき家事に、じわじわと追い詰められ、絶望感にさいなまれるというわけだ。

妻が求めているのは夫のねぎらい

ここで、男性脳のために弁明するならば、男性脳に、女性脳が求めるレベルの家事を要求すると、女性脳の約3倍のストレスがかかるということだ。男性脳は、女性脳に比べて行動文脈が短い。女性脳は、「トイレに立ったついでに、ここのものをあちらに持って行き、そして、トイレに行って、帰りにこれをああして、こうして」と比較的長い行動文脈を常時紡ぎ続けているのだが、男性脳は、空間認知をして危険察知することに神経信号を使っているために、この能力は低い。低い能力を駆使すると、当然、ストレスがかかる。

というわけで、男性脳は、トイレに行くのなら、行く、出す、戻る、しかない。キッチンにコップを持って行くなら、それしかできない。妻から「コレをやるならついでに、アレとソレもやって」と言われると、非常に大きなストレスになる……と解説したところで、妻が納得するとも思えないが。

名もなき家事に太刀打ちできない男性脳が、名もなき家事と戦っている妻を助けることは、不可能に近い。それでも、毎日毎日、チリのように積もり続けている妻の怒りが、いつか大爆発するのを防ぎたければ、とにかくねぎらうことである。

夏の昼時、妻がそうめんをゆでていたら、「こんなに暑い中、台所仕事は大変だよね。ありがとう」と声をかける。休日に一緒に買い物に行ったら、「牛乳1本だって、赤ちゃんを連れてたら、運ぶの大変だよな。いつも一人で頑張ってくれてありがとう」と言う。「うちは、小さな子がいるのに、本当によく片付いてるなぁ。おふくろなんて、しっちゃかめっちゃかだったよ」なんて、この際実母を悪者にしてもいい。何もできない妻でも、「笑顔でいてくれて嬉しいよ。ほっとする」とねぎらう。とにかく、ねぎらい、感謝する。

毎日じゃなくていいのである。毎日じゃ、かえって嘘くさい。月に一度だって、かまわない。ぜひ、心がけてみよう。

さらに格上の「夫のプロ」を目指すなら、「名もなき家事」の存在を知覚することから始めよう。休日の朝、ウースターソースを使いながら、「よく考えると、いつもこれがちゃんとあるってすごいことだね！」と言ってみる。そこから、怒濤のように「あなたは気づいていないかもしれないけれど」と、名もなき家事を列挙されることを覚悟の上で。

そして、妻がしてくれている名もなき家事の一つを自分のタスクにすることを申し出よう。

猫砂を切らさない、冷蔵庫の製氷機の水は切らさない、要冷蔵食品が食卓の上に残っていたら素早く冷蔵庫にしまう、といった実現可能なものをまずは一つ。

妻は「名もなき家事」に夫が気づいて、ねぎらってくれただけで、かなり気が晴れるし、その中のどれかを担おうという夫の気持ちが嬉しいものなのだ。

ただし、妻の反応に期待しすぎるのは厳禁。「今まで10個飛んできた弾が、7個に減る」くらいに思っておこう。その代わり、定期的にくる大爆発はかなり防げるようになるはずだ。

実現可能なタスクを自分で決める

ここで、男性でもできそうなタスクをリストアップしておこう。

- お米を切らさない（妻的には運ぶのに重くて大変なので助かる。夫的には頻度が低いのがいい。牛乳などの生鮮食料品は、頻度が高く失敗リスクが高いので、自分からは申し出ないほうが無難。ただし、頼まれたら覚悟を決めよう）。
- 猫砂を切らさない（同右）。
- 冷蔵庫の製氷機の水を切らさない。
- コーヒーを切らさない（嗜好品のキープは忘れがちなので助かる）。
- トイレの黒ずみを防ぐ薬を週1で投入する。
- 毎朝、ペットに水とご飯をやる。
- 毎朝、ベランダの植物に水をやる。
- 洗面所の鏡をきれいにキープする。
- 肉を焼く（あれこれ並列して家事をこなしているときに、集中力のいる家事はストレスなので助かる）。

●そばをゆでる（同右）。
●コーヒーを淹《い》れる（同右）。
●寝る前に米を研いで炊飯器にかける（お風呂上がりの一仕事、朝の心配事が消えるのでありがたさが大きい）。
●我が家だけの、名もなき家事を見つけて引き受けられたら、それが最高！

失敗はつきもの。かわいげでごまかそう

さて、自分で家事のタスクを決めて、宣言しておきながら、すっかり忘れてしまうこともある。自分でも「しまった」と思っているところを、妻に指摘されて逆ギレ、なんてことにならないように気をつけよう。

家事のタスクを夫が自ら引き受けてくれた時点で、妻はかなり満足しているので、数回忘れたからといってそれほど腹を立てたりはしない。

ただし、「必ず今日やってね」と念をおされた用事を忘れてしまうのは論外。度重なる「忘れてた」は、女性脳にとって「あなたにとって、私は簡単に忘れられるような存在」と同じ意味だからだ。単に牛乳を買い忘れただけなのに、妻は自らの存在意義まで疑い始めるから要注意。

そこで、失敗してしまったときに、妻を怒らせず、うまく切り抜ける方法がある。既出だが、余計なことを言わずに真摯に謝る。これが一番被害が小さい。しかも、ちょっと大げさなくらいがちょうどいい。「あ〜もう〜どうして。がっくり……」などと声に出して、ガックンとうなだれてみせる演出も効果的。

いい歳のオジさんが、失敗にうなだれている図はかわいげがあり、「バカじゃないの」と言いながらもクスッとさせたら夫の勝ちだ。何度もやると効果半減だが、時には、かわいげで切り抜ける方法も覚えておきたい。

妻の失敗は無邪気に指摘

逆に、妻のミスを指摘したいときにも言い方がある。たとえば、冷蔵庫の中に賞味期限切れの食品を見つけた場合（男性脳は冷蔵庫の一番手前にあるものは見つけられないのに、なぜか奥のほうから賞味期限切れの食品を見つけたりするのは得意だったりする）。このときとばかり「これ賞味期限切れてるじゃないか。もったいないな！」などと、水戸黄門の印籠よろしく出すべからず。

「ねえ、これまだ食べられるのかな？　食べていい？」と無邪気を装って聞くのが正解。処分するなら「これ君がうっかり食べておなか壊しちゃうと心配だから、捨てておこうか？」のように、妻を優しく気遣う夫が演出できれば上出来だ。

6 妻の小言は、セキュリティ問題と心得よう

「あなたって、どうしてそうなの!?」。この、答えに困るような質問が出たら要注意。これは、妻が嫌がることを、夫が無自覚、無神経に繰り返したときに出る、心からの叫びだからだ。夫から見ると実に些細なことばかりなのだが、放置し続けると、ある日いきなり離婚問題にまで発展したりする。それが恐ろしい「〜っぱなし問題」だ。

靴下をリビングに脱ぎっぱなし、トイレの便座を上げっぱなし、スリッパを脱ぎ捨てっぱなし、ハサミや爪切りを使いっぱなしなど、妻が決めたルールをさんざん破った挙げ句「あなたは、どうしてそうなの!?」とキレられる。ブツブツ言いつつも、昨日までは許してくれていたのに、いきなりキレるから夫にはその気持ちがよくわからない。

というのも、女性脳は、夫に対する不満を、コップに1滴ずつ水を落とすようにためていく癖があるからだ。だから、毎回は言わないが、閾値《いきち》（状態が劇的に変化する分岐点）を超え、コップから水が溢《あふ》れたら、キレて、もう収拾がつかなくなる。

たいてい、閾値に達する前に「あなたって、どうして？」が出始める。「どうして」に対して、「面倒くさかったから」「忘れてて」など、その理由を述べるのは、アマチュア夫のやることだ。言われたら、収拾がつかなくなる前に、「何度も嫌な思いをさせてごめん」とすっぱり謝ろう。

妻は家庭内での危険を回避したい

ところで、「～っぱなし」に妻がキレる理由がわからない男性には、ぜひ、こう考えてもらいたい。「妻が家庭でやってほしくないことは、すなわちセキュリティ問題なのだ」と。

たとえば便座。夫にとっては、「上がっていたら、下げりゃいいだけ」だし、「スリッパを適当に脱いだら、多少見栄えが悪い」くらいのことだ。しかし、もし、妻が便座が上がっているのに気づかず腰を下ろしたら、お尻を便器に打ちつけたり、便器に嵌《はま》ってしまったりする。これが、年老いた親や小さな子どもであれば、大きな怪我をする可能性もある。

子どもに気を取られつつ洗濯物を抱えながら部屋に入ったら、夫が脱ぎ捨てた靴下やスリッパを踏んで足をすべらせる可能性もある。風呂のふたを閉め忘れたら、子どもやペットが落ちて溺れるかもしれない。女性脳は、無意識のうちに、このような先へ先へのリスクヘッジをしているのである。何度言っても改善しないと、「ちょっと不安」「なんか怖い」といった感覚がたまっていって、ある日、閾値を超えネガティブトリガーを引く。無意識の感覚なので、理路整然と説明はできないのだが、突き詰めてみれば、明らかに高リスクの事象に、女性脳は反応している。

男性脳にとって、理にかなっていないことを強制されるくらい不愉快なことはない。

妻の小言は、理にかなってないように見えることも多々あるのだが、女性脳的には、理にかなっているのである。

これを読んだ男性諸君は、反発したり面倒くさがったりせずに、「妻は無意識に、家庭で起きるかもしれない事故を未然に防いでいるのだ」と考えて、妻のルールを守ってあげよう。家庭は基本、女のテリトリー。女性脳には逆らわないほうが安全だ。

時には逃げずに妻と対峙しよう

ただし、息子の男心のために、妻にひとこと言っておかなきゃならないこともある。

たとえば、「男も座っておしっこすべき」問題。掃除しやすさという観点から見れば、理にかなっている。気にならないという男子も多いし、加齢により前立腺が肥大してくると、座ったほうが出やすいという利点もある。しかし、母親の徹底した指導の下、立ちションを知らずに育ち、学校で恥をかいたケースもある。男が「ここは男の沽券《こけん》にかかわる」と本気で思った場合には、抵抗してもいい。

泥だらけになって遊ぶ、部屋中におもちゃを散らかして遊ぶことも、男性脳の空間認知力を伸ばすための大事な遊び方。「3個目のおもちゃを出すなら、1個目をしまおうね」なんて始末のいいことを言っていたら、将来の理系力、戦略力が育たない。ここぞと思う場面では、逃げずに妻を説得するべきだ。

7 事件はたいていリビングで起きる

夫から妻の家事に対する不満も当然ある。しかし妻はなぜ、夫がやった家事にケチをつけるのか。慣れぬ手つきながらも、一生懸命掃除をし、食器を洗っているのに、「裏に汚れがついている」とか「隅のゴミが取れていない」と、文句を言う。せめて、努力くらいは認めてほしいと願う、夫の思いは妻に届くのか。

これは女性も自覚すべきなのだが、そもそも男性脳と女性脳では見えているものが違う。女性脳は、右脳と左脳をつなぐ神経線維の束である脳梁《のうりょう》が男性と比べて太いので、生まれつき右左脳の連携がいい。一方、男性脳は右脳と左脳の連携が緩慢だ。これが、脳に性差をもたらす根源だ。

右脳は空間認識や音楽的な感覚など「感じる力」を担当し、左脳は言葉や計算、論理的な考え方など「考える力」を担当している。右左脳の連携がいい女性脳は、直感力にすぐれ、今感じている気持ちがすぐに言葉になる。また、目の前のものを舐めるように見るので、子どもの顔色のちょっとした変化なども見逃さない。

対して、連携が緩慢な男性脳は、一方で奥行き認識（ものの距離感の把握）が得意なので、空間認知力が高い。遠くや全体、機構がよく見える代わりに、目の前の観察力はいたって低い。目の前のものがよく見えていないので、妻が髪型を変えても、口紅を替えても、ほとんど気づかない。

さらに言えば、色の見え方も違うし、音の認知周波数帯も、嗅覚の感度も、味覚の感度も、皮膚の触感の感度も違うといわれている。

つまり、家事をしても夫と妻は見ている世界が違う。だから、片付いているという感覚も違うのだ。女性脳は、立体がよくわからないので、3次元空間で片付いているものでも、片付いていないように感じる。また、縦方向に分類されていても、パッと見て整理されていないように感じたりする。男性脳は扇状に、しかも立体的にものを見るので、夫は自分の動線に合わせて道具を整理したつもりでも、妻からは、道具をあっちに置いたりこっちに置いたりしているように見えることもある。

皿の裏の小さな汚れを妻は見逃さないが、夫にはそもそもそんな汚れが見えていないという可能性もある。そこは、お互いに認識すべき点である。

この問題の解決策は、一軒の家の中で、それぞれのテリトリーを決めることだ。夫の部屋、妻の部屋を決める、また、ふたりで使っていてもここは妻のコーナー、夫のコーナーと決め、それぞれのテリトリーには口出ししないというルールを作る。

トラブルはたいていリビングで起きるので、リビングに置いてもよいものは、話し合いで決めるのも手。しかし、基本的には、リビングで過ごす時間が長い妻が主導権を持つべき。その代わりに、夫には、妻が手出しできない自分の部屋や専用コーナーを持つことをおすすめしたい。

8 時間差の買い物で互いのストレスをなくそう

妻と夫の永遠のテーマに「買い物問題」がある。これはプロセス指向の女性脳とゴール指向の男性脳の差が生み出す悲喜劇だ。

多くの夫にとって、休日に妻と行く買い物は苦痛だという。なぜ妻は、冷蔵庫を買いに来たのに、目的地にまっすぐ行かずに、あちらこちらへ寄り道するのか。これが夫にはさっぱりわからない。

一般的に女性は、時間に余裕がない場合を除いて、目的の売り場に一直線には向かわない。目についたバッグを鏡の前でかけてみたり、ブラウスを肩に当ててみたり、パンプスを履いてみたりした挙げ句、今度は隣の雑貨屋でクッションを抱きしめてみたりする。

夫は、このあてのない寄り道をストレスに感じる。ゴール指向の男性脳は、目標地点に最短時間、最短距離でたどり着きたいと思っているからだ。

直感で選びたい女、比較検討で選びたい男

実は、男性脳からは意味がないと感じられる妻の寄り道も、脳科学上は意味がある。女性脳は感じる領域である右脳と顕在意識の領域である左脳の連携がよく、直感が働く脳。もちろん買い物にも直感を使う。

この直感のために使われる神経線維は比較的長い。数センチから数十センチ、長い人では1メートルを超える神経線維もあるといわれる。長い神経線維にいきなり信号を流すのは大変なので、予行演習が要る。靴売り場をのぞいて、きれいな色のパンプスにわくわくしたり、猫グッズに「カワイイ」と声を上げたりしているうちに、脳内の電気信号が活性化する。そうしておいて、目的の冷蔵庫売り場に向かえば、直感が働き、パッ

と候補が目に入ってくる。そこから候補数点の条件を比較して、いきなり「これがいい」とイチオシの1点を選んでしまうのだ。

一方、男性脳は、「比較検討」でものを選ぶ。だから、目的の売り場に速やかにたどり着いたとしてもそこからが長い。商品構成の全容を理解したがり、スペックを細かく検討する。女性から見れば、予算15万円の冷蔵庫を買うのに、30万円の冷蔵庫のスペックをじっくり見る意味がわからないし、イライラする。しかし、数ある候補の中から、「ベストを選びたい」男性脳にとっては、比較検討する代替案がないと買い物ができないのだ。つまり、15万円の予算であっても、10万円の冷蔵庫のスペックも、30万円の冷蔵庫のスペックも確認せずにはいられない。こうして「全体」を把握したうえで、ベストな「このメーカーのこの冷蔵庫」がストンと腹に落ちる。理にかなって、腹に落ちることが大切なのである。

そういう男性脳の持ち主である夫から見ると、妻の「ビビッときたから」は選ぶ理由としては甚だ心もとない。それゆえ、揺るぎないイチオシを選んでいる妻に対して、親切心で「ほかにも、もっと見たら？」と言ってしまう。妻の高揚した気持ちを萎えさせる夫のひとことだ。

妻より先に売り場に着こう

脳の性差で、楽しいはずの買い物で互いがイライラし、せっかくの休日がだいなしになるのであれば、そこには工夫が必要だ。そこですすめたいのが、買い物の時間差攻撃。妻は寄り道し放題、夫は、先に目的の売り場に行き、じっくり商品を比較検討する。吟味したら、スペック的に納得できる候補を数点選んでおこう。

後から売り場にやってきた妻が、磨きをかけた直感力で、ビビッときたイチオシの商品を選んだら、夫の出番。サイズやスペックをもとに「これは高さが5センチ大きくてウチには入らない」とか、「これは君が欲しがっていた、素材がカチカチに凍らない冷凍室がある」などの、頼もしいアドバイスを。妻の直感に、夫の論理的なフォローがあれば、確実で、しかも双方が満足のいく買い物ができる。

夫は、妻の面倒くさい寄り道に付き合わないですみ、さらに、買い物に対する意欲も感じさせられるという奥の手だ。ぜひ試してみてほしい。

以上は夫婦共通の買い物をする場合の対処法だが、夫を困惑させるもう一つの買い物がある。それが、「妻の買い物」に付き合う場合。

意見を聞いたのに別のものを選ぶ理由

これは、ある夫婦の例なのだが、妻がオレンジ色のバッグとベージュのバッグを交互に肩にかけ、真剣に鏡を睨み続けた挙げ句、夫に「どちらがいい？」と尋ねた。当然、夫としては、悩める妻に会心のアドバイスをしてあげなければならない。そこで、「ベージュだったら、君が持っているいろいろな洋服に合うし、遊びだけじゃなくて、仕事にも使えるんじゃない？　コスパを考えたら絶対ベージュがいいと思う」と、答えた。妻は「なるほど、そうね」とウンウン頷く。

そして、妻はベージュのバッグを棚に戻し、オレンジ色のバッグを持って、意気揚々とレジに向かったというのである。「アドバイスを聞く気がないのなら、なぜ、俺に聞く!?」と、夫は、心の中で叫んだそうだ。

実は、このケース、妻は最初からオレンジ色に惚れているのである。しかしながら、自分には若々しすぎるし、洋服も選ぶし……と心が揺れる。こんなとき、夫に意見を聞いてみる。「十中八九、夫は無難な正論を言うだろう。それでも私は、オレンジ色を買いたいのだろうか」というのが、半分無意識ながらの女性脳の気持ち。つまり、夫に「ベージュ」と言われても、心が揺らがないかどうか最終確認をしたかっただけなのだ。だから、もし夫に「オレンジ色がいい」と言われたら、むしろ困ってしまったかもしれない。夫のアドバイスは確かに役に立ったのである。

「アドバイスを無視された」なんて、力を落とす必要は全然ない。女性は、相手のセンスを認めていなかったら、最終確認にさえ使わないのだから。

9 夫が気づかない「妻を絶望させるセリフ」

周産期・授乳期に言ってはいけない夫のひとことは先に記したが、ふだん何気なく夫が口にするセリフにも、妻をひどく傷つける言葉がある。その代表格が「言ってくれれば、やったのに」だ。夫にはまったく悪気がないので、傷つけている自覚なく繰り返すセリフの一つでもある。

たとえば、こんな場面。妻が椅子に上って、廊下の天井の電球を替えている。そういえば、昨日切れてるって言っていたなと思い出す。心なしか不機嫌でもあるようだ。見かねて、「やろうか?」と声をかけると「自分でやるからいい」と取りつく島がない。しばらく経ってから「わかっているなら、やってくれたっていいんじゃない」と文句を言う。だから「言ってくれれば、やったのに」である。

このセリフのどこが悪いのか、男性脳にはわからない。ここにも脳の性差が関わっている。

言わなくても察してほしい女性脳

女性脳は、大切な対象に意識を集中し、ちょっとの変化も見逃さず、相手が何も言わなくても、何を求めているか、どうすれば相手が嬉しいか、その意図を察して生きている。これは、物言わぬ赤ん坊を育てるために女性脳に装備された能力だから、「察すること」イコール「愛の証」だと信じているのだ。

「察してなんぼ」の女性脳にとって、「言ってくれれば、やったのに」というセリフは、察することを放棄した言葉であり、「僕はあなたになんの関心もない」「あなたを大切に思っていない」と同義語なのである。

男性脳は大切なものに対して、習慣的に責務を果たすことを旨とする。毎月給料を渡し、毎週決まった日にゴミを出し、毎日同じように帰宅する。これが男性脳が「妻を大切にしている」証なのだ。察する機能がついていない男性脳に察しろというのは難しい。「言ってくれれば、やったのに」は本音であり、思いやりでもある。しかし、このような場面で、言うべきなのは「気がつかなくてごめん。僕がやるべきだったね」だ。察したい気持ちを伝えるこのセリフは、ときには愛を伝える言葉にもなる。

このほかにも、妻が絶望する夫のセリフをリストアップする。夫の意図とは関係なく、妻にどう聞こえるのかを解説しよう。もし心当たりがあるなら、妻の不機嫌は、このセリフのせいだと心得てほしい。

①「だったらやらなくていいよ」

家事が大変だと訴える妻に言うと、「君がいつもやっていることは、僕（あるいは世間）にとってはそれほど重要ではない。やらなくても気にならない」と聞こえる。

②「つまりこういうことだろ？」
愚痴に対しては「わかるよ。大変だね」と共感するだけで十分。頼んでもいない要約や解決策の提示は余計なストレスを増やすだけ。

③「おかず、これだけ？」
夫が自分が食べるご飯の量に対してのおかず量の塩梅《あんばい》を、あらかじめ計るために聞いたひとことでも、「たったこれしかないの？」と聞こえる。余計なことは言わずに様子を見よう。

④「今日何してたの？」
家事が思うようにできなかった妻には「一日家にいて、家事も満足にできないのか」

と聞こえる。

⑤「いいな~君は。一日〇〇（子どもの名前）と一緒で」

それが何より辛いと感じている妻もいる。そういう自分を責めていたりもする。

以上のリストの中で、特に要注意は④と⑤だ。妻が専業主婦や育児休暇中である場合、このセリフは致命傷となる。出産前はコントロールできていた家事が、子どもの誕生をきっかけに、コントロールできなくなっているからだ。

特に、優秀な専業主婦を持つ夫ほど、妻の家事労働の量や大変さに気づきにくい。プロセスを見逃す男性脳は、妻が要領よく家事をこなしていると、「本当に楽な仕事」に見えてしまう。それゆえについ、「専業主婦なんだから、時間あるだろ」「会社には、仕事しながら子育てしている部下もいるぞ」と言ったりしてしまい、傷を広げがちになる。

仕事と育児を両立している主婦は、初めから家事を諦めることを知っていて、プライオリティの高いものしかやらないし、夫と分担することに罪悪感もない。しかし、専業主婦は、昼間はまったく思い通りにならない子どもに付き合い、家事も完璧にやろうとして追い詰められていくのである。

10 心の通信線を開通させよう

「妻を絶望させるひとこと」もそうだが、夫は無自覚に妻を傷つける。どうして女性脳は、悪気のない言葉にそれほど傷ついてしまうのか。また、男性脳の言葉は、どうしてそこまでひどい言葉として書き換えられてしまうのか。

原因は、男性脳と女性脳では、会話に使う通信線の数が異なっているからだ。

女性脳は、「心の通信線」と「事実の通信線」の2本を使って、会話をする。たとえば、友達の「事実」を否定しなければならないとき、女性は、まず「心」を肯定する。「あなたの気持ち、よくわかる。私だって、きっと、同じ立場なら、同じことをしたと思う。でも、それは間違ってるよ」というように。

男性脳は基本的に「事実の通信線」のみである。「それ、違ってる」といきなり結論を出す。悪気はないのだろうけれど、「心の通信線」を〝わざと〟断たれた、と女性は感じるのである。

「心の通信線」を断たれたと感じると、存在そのものを否定された気分になる。そのショックは、男性の想像をはるかに超えて大きい。逆に言えば、「心の通信線」に気づきさえすれば、深刻な男女のミゾは埋められるのである。

事実を肯定するときも否定するときも、その前に、妻の心根は肯定してやる。これこそ、夫が知っておくべき「黄金のルール」である。

「心」と「事実」、女の会話は2回線

まず、女性脳では会話の感じ方が4パターンある。

①心は肯定―事実も肯定

②心は肯定―事実は否定
③心は否定―事実は肯定
④心は否定―事実も否定

女性脳同士の会話では、基本③と④は使わない。つまり、事実を肯定しようが否定しようが問題ないのだが、共感のために会話をする女性脳は、心＝気持ちを否定したら会話が成り立たないだけでなく、人間関係が成り立たないのだ。

妻はまた、「君を幸せにするよ」と誓った夫が、心を否定してくるとは夢にも思っていない。しかし、男性脳は、基本的に「事実」と「心」を使い分けることはしないので、それがひどく冷酷に感じられるのである。

具体的な例を挙げて説明しよう。深夜零時近くに帰宅した夫に、妻が中学1年生の息子との間で起きた諍《いさか》いについて話し出した。妻が言うには、息子の生活態度が目に余ったので叱った。しかし、あまりにも反抗的な態度だったので「出て行きなさい。帰ってこなくていい」と怒鳴ってしまった。息子は携帯も財布も持たずに自転車に乗って出て行き、夫が帰る少し前にようやく戻ってきた。12歳の息子に出て行けなんて言うべきじゃなかった。息子に何かあったらと、不安で胸がつぶれそうだったという。

夫は、「君って、本当にそういうとこあるよな〜。でも男の子は叱ることも必要だよ。帰ってきたんだからよかったじゃないか」と答えたという。妻は、夫の言葉にますます打ちのめされてしまい、すっかり自信をなくしてしまった。

このケース、夫は別に妻を責めてはいない。本人が言いすぎたというから、その通りだと同意しただけだし、叱ることも否定していない。さらに息子が無事帰ってきたことも喜んだ。いったいどこがいけないのか？

夫が使ったパターンは③。心を否定して、事実は肯定している。「女性脳との会話の黄金ルール」その1は、絶対に心を否定しないことなのだ。

「あー、それは、胸が痛かったろうね。無事に帰ってきてよかった」と、妻を抱きしめるべきだった。ここまで動揺している妻に、正論を突きつける必要はない。最初の夫の言葉で言ってはいけなかったのが「君ってそういうところがある」の部分。今まで頑張ってきた子育てが、全否定された気分になるひとことだ。

女性脳による「心」と「事実」の巧みな使い分け

心の通信線と事実の通信線を当たり前のように使いこなしている女性脳同士の会話を紹介しよう。

ファミリーレストランに中年の女性3人が入ってきた。席に着くなり、一人が季節の限定メニューのマンゴーパフェを見つけた。

女性A「見て！　季節限定のマンゴーパフェだって。美味しそうじゃない？」

女性B「あら、ほんと！　マンゴーって美味しいよね」

女性C「まったりしてて、アイスクリームとも相性いいし」

ひとしきり旬のマンゴーの美味しさについて盛り上がったのち、Bが「でも、私、チヨコね」とあっさり一抜け、Cも「私は白玉にしとくわ」と二抜けした。それでもAは特に機嫌をそこねるわけでもない。

この状況、女性脳同士なら全然不思議でもなんでもない。最初にちゃんとAの心（気持ち）を肯定しているから、あとは何を頼むのも自由というわけだ。つまり、パターン②の「心は肯定―事実は否定」である。

心さえ肯定しておけば、事実は、どっちに転んでも大丈夫。逆に言えば、無責任に「そうそう、そうだよな」と言っていいのである。この黄金ルールを覚えておけば、いらぬ地雷を踏まずに、自分の意見を通せるので絶対に楽になる。

妻だけでなく、女性の部下にもこのルールは使える。特に、35歳以下の女性は心の通信線への依存度が高いから、職場でも同様な会話を求める。女性の部下が自発的に企画書を持ってきて、一読してダメだと思っても、いきなり「こんなのダメ」と事実だけで突き返してしまうのはＮＧ。企画だけでなく、人格まで否定されたように感じてしまうからだ。

この場合は、「いい着眼点だね」「お、これ、自分も気になってた」などと発案した気持ちを受けとめてやったうえで、「でも企画自体はまだまだだな。もうひと頑張りしてごらん」と返すべきなのだ。

心の通信線を開通してもらえない専業主婦の憂鬱

夫に心の通信線を開通してもらえない場合、一番絶望感が深いのは専業主婦だろう。働く妻は、心の通信線が繋《つな》がらない男社会で揉《も》まれているので、夫と会話をしているときに心を否定されても、「男あるある」だと諦めもつく。

しかし、専業主婦の場合、夫がすべてなので、心の通信線を認めない夫だと妻のストレスは半端ない。夫にわかってもらいたいと思えば思うほど、心の通信線を使うので、会話はますますかみ合わない。

たとえば、何度言っても夫が便座を上げっぱなしにする場合。「便座が上がっていて、うっかり座ってしまった私のリスク（事実）」について説明すればすんなり通じるところを、「どうして何度言っても、上げっぱなしにするのよ！　私のことバカにしてるんでしょ！」と、心の通信線を使って、答えようのない疑問形で責め立てる。

本来は、その無駄な努力を妻自身が知るべきなのだが、この本の読者は夫なので、夫がこのどちらにとっても不毛な会話を解決する方法を提案するしかない。でもそれは意外と簡単だ。それが「女性脳との会話の黄金ルール」その2、魔法の言葉「君の気持ちはわかる」を使うこと。

もちろん、本当にはわからなくていい（だってわからないんだから）。夫は便座上げっぱなしについて「すごく嫌な気持ちにさせたんだね、ごめん。今度から気をつけるよ」と言えばいいのだ。妻はまず、自分の気持ちをわかってもらえれば、うっかりの上げっぱなしにも寛容になれるのだ。

妻が理不尽なことを言って夫をなじるのは、心の通信線を開通させようとする切ない努力なのである。いくら「正しい事実」を言い聞かせても、永遠に妻は納得しない。

心と裏腹な妻の言葉を翻訳すると……

心の通信線を使った女性脳の言葉は、時として男性脳の予想を超えた意味を含んでいることがある。第1章の終わりに、「心と裏腹な妻の言葉」を翻訳してみよう。

あ行

「あっち行って!」

⬇あなたのせいでめちゃめちゃ傷ついたの。ちゃんと謝って、慰めて!

か行

「勝手にすれば」

⬇勝手になんてしたら許さないよ。私の言うことをちゃんと聞いて。「好きにすれば」は同義語。

さ行

「自分でやるからいい」

⬇察してやってよ。察する気がないのは愛がないってことだね。

た行

「どうしてそうなの？」

⬇理由なんて聞いていない。あなたの言動で、私は傷ついているの。

な行

「なんでもない」

⬇私、怒ってるんですけど？　私、泣いてるんですけど？　放っておく気なの？

は行

「一人にして」

⬇この状況で本当に一人にしたら、絶対に許さない。

ま行

「みんな私が悪いんだよね」

⬇えっ？　それって私が悪いの？　私のせいなの？　あなたのせいでしょ。

や行

「やらなくていいよ」

⬇そんな嫌そうにやるならもう結構。私はあなたの何倍も家事してますけどね。

ら行

「理屈じゃないの」

⬇正論はもうたくさん。「愛してるから、君の言う通りでいい」って言いなさい。

わ行

「別れる」

⬇ここは引けないの。あなたから謝って！

第２章

ポジティブトリガーの作り方

～笑顔の妻が戻ってくる、意外に簡単な方法～

1 ネガティブをポジティブに変える脳科学的テクニック

第1章では、負の感情に伴う体験記憶の引き金、ネガティブトリガーをいかにして発動させないようにするかについて解説した。第2章では、幸せな感情に伴う体験記憶の引き金、ポジティブトリガーの作り方と発動がテーマである。

女性脳は、ネガティブな過去を何度も蒸し返す厄介な脳だが、素敵な思い出も同様に何度も思い出す。大切にされた体験や、宝石のような言葉が一つあれば、いつまでもいつまでも大切に持ち続ける、かわいい脳でもある。

家庭というプロジェクトを夫側からうまくコントロールしていくためには、ふだんから心がけて、できるだけ妻のポジティブトリガーを増やしておくことが肝要なのである。男女脳のギャップから、ネガティブトリガーは、どうしたって増えていく。それを増悪させない手段は、ポジティブトリガーを持っていることに尽きる。

また、ポジティブトリガーは、オセロのように石を置く位置も重要だ。置く位置次第で、黒い石（負の感情を持つ記憶）が、白い石（幸せな感情を持つ記憶）へと、パタパタとすべてひっくり返ってしまうことさえある。

その最大のポイントが結婚記念日だ。

記念日は記憶を引き出す日

記念日に対する感情は、男性脳と女性脳ではまったく違う。ほとんどの夫にとって、結婚記念日も誕生日も「何かイベントをして、贈り物をしなければいけない日」にすぎない。さすがに、10周年、50周年のような節目には、「ここまで来たか」という感慨もあるかもしれないが、12年とかの半端な記念日には、特になんの思いも抱かないはずだ。

しかし、プロセス指向型で、成果よりも「これまでの道のり」に意識が集中する女性脳にとって記念日は、記憶の芋づるを引きずり出す気満々の日。なので、この日にネガティブトリガーを引くのか、ポジティブトリガーを引くのかによって、妻の結婚生活に対する評価は正反対になる。

結婚生活なんて、悪い思い出だけ繋げば失敗したように感じ、いい思い出だけ繋げば成功したように感じるもの。結婚記念日や誕生日に、夫が自分を大切にしてくれたと感じれば、妻は「これまでの幸せな思い出」を紡ぐことになり、逆に、夫にないがしろにされたと感じれば、「これまでの腹立たしく、やりきれない思い出」を紡ぐことになる。

思いっきり思い出紡ぎモードに入っている記念日は、ポイント1000倍デーと心得よう。それがプラスポイントであれ、マイナスポイントであれ。

楽しみには予告と反復を

さて、記念日をより幸せな記憶にするための、二つの方法がある。それが予告と反復だ。

まずは予告から。「来月の結婚記念日には、ふたりの思い出のあのイタリアンに行こう」と、少なくとも1ヵ月前には伝えよう（思い出のレストランがなければ、「君が行きたがってたあのレストラン」でもなんでもいいのだが）。肝心なのは、「時間」をあげること。言われた日から、記念日までの4週間を、記念日以上に楽しみ、味わい尽くすのが女性脳の特徴だからだ。

情緒を時間軸に蓄積させる女性脳は、何かを楽しみに待つのが大好きだ。「ふたりの思い出のあのイタリアン」という夫の言葉を何度も思い返しながら、その日を思い描く。仕事の帰りにウィンドーショッピングを繰り返して、とびきり素敵なワンピースを選ぶ。ワンピースに似合うパンプスを取り出して磨く。予定の日から逆算して美容院を予約する。ふだんはしないパックをしたり、ネイルサロンにも行ってみたりする。

数ヵ月前から予告できる旅行もいい。どこを歩こうか、どこでお茶をしてどこのレストランで食事をしようか、お土産は何にしようかと、ガイドブックを買い込んだり、インターネットで検索したりしながら、すでに夫とともにその地を歩いている自分を思い描く。さらに、その旅行で着る洋服や靴、バッグ、新幹線で食べるお弁当選びもある。予告から当日までが長ければ長いほど、楽しめる時間も量も多くなるというわけだ。

近未来の記念日に言及したひとことだけで、こういった記念日へのプロセスを作り出す。それが、プロセス指向の女性脳に、絶大な効果をもたらす。

女性は1回のデートで1ヵ月楽しめる

このやり方は、ふだんのデートにも応用できる。たとえば、「梅雨が明けたら、美味しいビールを飲みに行こう」と言われたら、女性は、気持ちのいいテラスのあるレストランで、夕焼けを見ながらビールを飲んでいる自分を想像する。それだけで、鬱陶《うっとう》しい雨さえ愛おしくなる。

もっと身近な日常にも、応用可能。「美味しいワインを買ったから、この週末に飲もうよ」なんて夫が言えば、ワインに合いそうな料理をあれこれ考え、いつもよりも丁寧に掃除機をかけ、テーブルクロスにアイロンをかけたりする。

忙しくて、妻とのコミュニケーションをなかなかとれない夫ほど、この手は使える。予告するだけで、実際は何もしていない時間も、浮き浮きと過ごしてくれるのだから。

とはいえ「予告をして、そこまで楽しみにされて、万が一約束が果たせなかったら」と、怖がる男性も多いだろう。しかし、それがそうでもない。楽しみながら過ごすプロセスが、すでに女性脳を幸せにしているので、実際のデートが延期になっても、案外あっさりと「仕方ないね」と許してくれたりするのである。

女性脳は、点と点の間を面で埋める。つまり、月に1回のデートの約束があれば、デートの前の2週間を予告として楽しみ、デートの後の2週間を余韻として楽しむ。こうしてみると、1〜2ヵ月に1回のデートと、ちょっと豪華な週末家ディナーを適度にスケジューリングするだけで、機嫌よく過ごしてくれる女性脳って、ちょっとかわいく思えてくるのではないだろうか。

サプライズは逆効果になることも

記念日を効果的にする方法二つ目は反復。当日、記念日の席では、ぜひこれまでの来し方を振り返ってほしい。「ああいうこともあったね、こういうこともあったね。ずっと一緒にいてくれてありがとう。これからもずっと一緒にいようね」と伝えよう。

これまで、毎日毎日積み上げてきた努力をちゃんとわかってくれて、来し方をともに振り返ってくれる夫がいれば、妻は満ち足りる。記念日はふだんのマイナスを一気にプラスへとひっくり返すチャンス。これを利用しない手はないのである。

念のために伝えておきたいのは、だからこそ、どんなに夫が準備に手間暇かけたとしても、サプライズを喜ぶ妻はほとんどいないということだ。

誕生日にデートしようと誘われて出かけると、予告もなしに連れて行かれたのが高級フレンチレストラン。食事が終わり、キャンドルの炎が揺れるバースデーケーキが運ばれてくる。と、同時に、楽団がバースデーソングを演奏し始め、あらかじめ預けておいたバラの花束を渡されて……と、こんなロマンチックな演出をされても、あまり嬉しくない。どころか、その場に合わない（と男性は気づいていないが）服装や、完璧でないヘアやメイクの姿のまま注目を浴びることが恥ずかしいし、惨めに感じていたりする。何よりもその日を思い描きながらドレスを選んだり、美容院に行ったりする、そういう楽しみを全部奪われてしまったことが悲しいのだ。

妻の気持ちを考えないサプライズは、時として、特大ネガティブトリガーを作り出す。これもぜひ覚えておこう。

2 普通の日だからこそ効果絶大な、言葉と行動

記念日が、思いきり派手なポジティブトリガーを作り、来し方を振り返る日だとすれば、「いつも君を思っている」ことをアピールできるのが、何もない普通の日。

女性脳は、家事をしていても、仕事をしていても、愛しく思う相手の顔がふと頭に浮かぶ。用事が一段落すれば「今頃何しているかな？」と思い、昼どきになれば「何食べているかな？」と思い、外出先で美味しそうなお菓子を見つければ、「買って帰ったら喜ぶかな」と思っている。それが女性脳にとっての〝愛〟なのだ。

一方、家を出れば妻の顔など、思い浮かべさえしないのが男性脳。長い年月、狩りをし、戦いを続けてきた男性脳は、出がけに見た妻の顔色や表情なんぞに気をとられていたら、マンモスに押しつぶされるか、敵に弓矢で射貫かれて、たちまち命を落としてし

まう。現代に生きる男とて同様だ。仕事モードの男性脳は簡単に家族モードには切り替わらない。

女性脳は大切な人を思う究極のえこひいき脳

先述したが、男の子たちは、赤ちゃんの頃から世の中を俯瞰《ふかん》して遊ぶ。男の子は、消防車などの働く車のように、かたちや構造が目でわかるものが、やや離れたところにあると興奮する。脳の中でそこまでの距離を測り、かたちを想像し、仕掛けを動かしたくてワクワクする。それが空間認知力の高さを生み、好奇心を育てる。

こうして、男の子が「自分」そっちのけで、働く車に夢中になっている頃、女の子たちは、人形やぬいぐるみを抱きしめながら「自分」を感じている。自分が気持ちいい、自分が楽しい、自分がちやほやされるのが、女の子にとっては、何より大切だ。

なぜかというと、哺乳類のメスは、自分が健康で快適な状態でないと子孫が残せないからだ。自分を大切にすることは、そのまま種の保存につながる。種の保存は、生物における最も基本的な本能である。したがって、自己保全に対する要求は、哺乳類のメスの最も大切な本能なのである。

だから、女性は自分の体調変化を男性の何十倍も敏感に把握している。ちょっと寒ければ寒いと騒ぐし、ちょっと暑ければ暑いと文句を言う。おなかがすけば不機嫌になるし、足が痛ければ歩けないとのたまう。

男から見ると、ただのわがままに見えるが、これは常に、自分を快適な状態においておかなければならないという、責任感からくる言動だ。交尾さえ遂行すれば、その場で死んでも種が残せるオスとは、その責任の重さがまったく違っているのである。

ちやほやされたいのも同じ理由。誰よりも優先されるということは、自分と自分の子どもの生存可能性が確実にアップする。女性脳は、自分と自分が大切に思う人のことを最重要視し、愛情と時間を注ぎたい、究極のえこひいき脳なのだ。

だから、いつもどんなときも相手を思うことを、愛の行動だと信じている。残念ながら男性脳が向かっているのは、自分よりも、世界や宇宙。「自分の気持ち」に関心がないから、自分の身内＝妻にも関心が向かない。妻を自分の近くに感じれば感じるほど、関心は薄れていく。それが男性脳だ。

しかし、今、妻との関係がギクシャクしていて、どうにか改善したいと望んでいるならば、女性脳のこの特徴を逆手にとって利用しよう。

感謝するより、わかっていると伝えよう

「どうせ私のことなんて……」と、ある日妻がつぶやいたら、それは「私はあなたに大切にされていない」という意味である。「私のやっていることに関心もないし、感謝の気持ちもないよね」という意味でもある。

よくよく聞いてみると、昨晩、急に飲み会になったにもかかわらず「夕飯いらないコール」を忘れたことを言い出した。妻は残業して疲れて帰って、着替えもそこそこに支度をしたのに、と。

ここで、夫は思いやり半分、面倒くささ半分で「疲れてるときは、作らなくていいよ。夕飯なんてコンビニでも買えるんだし」などと言って、より深く妻を傷つける。妻の作る夕飯をコンビニフーズで代替えできると言ってしまったのである。慌てて「もちろんいつも感謝してるよ」と言い直したところで、「感謝って何に？」と、絡まれてしまい、どう答えてよいのか当惑する。夫が妻に感謝の気持ちを伝えるというのは、簡単そうで、意外にハードルが高いものなのだ。「どうせ私なんて……」と言われたら、「そんなこと思ったことないよ。何より君が大事だよ」とすぐに言おう。照れる暇なんてない。

結果よりも、プロセスを重視する女性脳は、夫や家族のために、毎日繰り返し行う家事を大切にしている。「ありがとう」と言うのが難しい夫は、妻が継続してやってくれていることに対して「君がずっとしてきてくれたことをちゃんとわかっている」と伝えよう。

伝えるタイミングとして、一番言いやすいのは、やはり結婚記念日。わざとらしくなく、10年なら10年分の、20年なら20年分の来し方を振り返ることができるからだ。記念日の朝、「君の味噌汁を飲むのも、もう20年になるんだね」としみじみ言ってみてほしい。妻の脳裏には、これまで何千回と繰り返してきた、味噌汁を作るシーンが思い浮かぶ。「君が僕のためにずっとずっとやってきてくれたことを、僕はちゃんとわかっている」というメッセージは、どんな愛の言葉より、妻の心に響く。

ふだんの、何もない日に伝えるなら、その「いつものこと」が、たまたまなかった日がいい。

たとえば、いつもの妻のぬか漬けが、昨晩漬け損ねたのか、今朝は出ていない。そんな日に「あれ？　今日ぬか漬けないんだ。君のぬか漬けを食べないと、朝が来た気がしないな」と言う。

いつも弁当を作ってくれる妻が、忙しくて作れなかった日に、帰宅してから「君の弁当を楽しみに会社に行ってたことに気づいたよ」と言う。

いつもコーヒーを淹れてくれる妻の代わりに自分でコーヒーを淹れて飲みながら「やっぱり君が淹れてくれるコーヒーのほうが美味《うま》いんだよね。なんでだろ」と言う。

ポイントは、「君がいつもやってくれている、それ」がなくなったら、僕は途方に暮れてしまうとアピールすることだ。

ちょっと手間のかかる夫が実は愛おしい

仕事ができて、イケメンで、料理がうまく、片付け上手で、仕事の愚痴なんて一切言わない代わりに、甘く優しい言葉はさらりと口にする。そんな男がいたら、と女は夢を見る。しかし、もし本当にそんな完璧な男と一緒に暮らしたら、幸せは長く続かない。やがて、「一緒にいる意味がない」「あなたにとって、私ってなんなの？」と、つぶやくことになる。

なぜなら、人の脳は相互作用によって機能しているからだ。脳は、自分の存在や言動に対して、環境（人を含む）が変化することによって外界を認知し、自分の存在も認知する。認知がなければ思考も行動もない。このため、相互作用を強く求める器官であり、赤ちゃんなどは、周囲との相互作用がなければ、脳神経回路が正常に発達しないくらいだ。

「寂しい」という感覚があるのは、外界との相互作用が脳の大事なファクターになっているから。「寂しい」という基調音（基礎となる主要な調）が脳にあり、脳は「寂しい」に対しての相互作用を求めて常に行動している。

だから、脳にとって「私がいなければダメな男」や「俺がいなければ生きていけない女」ほど甘美な相手はいない。ただし、相互作用が生じなければ意味がない。自分がいることで、相手がわずかでもいいほうへ変化したり、感謝されたりすることが重要だ。忙しい朝に「君のぬか漬けがなければ、一日が始まらない」と文句を言う、手間のかかる夫がいればこそ、明日からもまた、この繰り返しの努力を続けていく気力が湧いてくる。それが女性脳なのだ。

携帯電話を効果的に活用する

面と向かって妻に感謝の言葉を口にするなんてとても無理！　というタイプの男性もいるだろう。特に最近妻とあまり話していない、そもそも何を話していいかわからない、共通の話題もない、という状態なら、コミュニケーションの手段として、携帯電話のメッセージやメール機能を使ってのコミュニケーションがおすすめだ。

とはいえ、ふだんから妻へのメールは「帰りに牛乳買ってきて」↓「了解」といった業務連絡の返信のみという夫の場合は、一体どんなメールを送ればいいのかわからないというのが本音だろう。

ここは、妻からちょいちょい来る（であろう）メールを参考にしよう。

たとえば「今日のお昼は今年初の冷やし中華！」なんていうメールである。これを読んだ夫の気持ちは「で？」だ。自分が食べるわけでもない冷やし中華にどう返信していいのかさっぱりわからない。

これも妻は「心の通信線」を使っているので、「事実の通信線」しか使わない夫にわからないのも当然だ。翻訳すると「今日は暑いね。ちゃんとお昼食べたかな？　私は今この瞬間もあなたのことを思っているよ」である。伝えてきたのは、「私は、いつもあなたのことを思っているよ」だ。夫はこれに「自分の事実」を伝えるだけでいい。「こっちは汗だくでカツカレー！」とか。

ビジネスの出張は一大チャンスととらえよう

この〝なんでもないメール〟、夫からも出してみよう。たとえば、出張帰りの新幹線から「今、小田原通過。満席」で十分。男性脳の得意な「事実」だけ。それを、女性脳は勝手に「小田原を過ぎたから、もうすぐ家に帰れるよ。もう今日はクタクタだよ。君の顔が早く見たいな」と翻訳してくれる。

車窓から撮影した面白い雲の写真1枚でもOK。受け取った妻は自分も空を見上げながら、「今この瞬間も君のことを考えていたよ」と翻訳する。

「久々に君のカレーが食べたいな。あのひき肉と豆が入ったやつ」なんて、しばらく食卓に上っていない妻の得意料理をリクエストするのもいい。こんなメッセージが来たら、女性脳は嬉しくなる。

「キーマカレーか。じゃあ、ひよこ豆買って帰らなきゃ」と、今晩カレーを囲む家族の姿を思い浮かべて、その段取りを楽しむことができるからだ。さらに、自分が料理に心を込めていることをちゃんとわかっていて、リスペクトしてくれるのだから、好感度はぐっと上がる。

いずれにせよ、「どこにいても、君のことを思っているよ」という気持ちを伝えられれば成功だ。

もちろんこれは戦略の一つなので、仕事をしている日中に妻のことを思い出す必要はない。移動中、昼どき、打ち合わせの帰り道など、ちょっと時間が空いたときに、〝意識して〟送ってみよう。

しかし、今までなんにもしてこなかった夫が、急にこんなことを始めたら、妻は不審に思うはず。「どうしたの？」と聞かれたらチャンス。「最近、君とあまり話せてないなと思って」と答えよう。これも単に事実を伝えただけだが、「そうか、私と話したいと思っているのね。かわいいとこあるじゃない」と変換してくれる。

返信に困ったら、とりあえずおうむ返しで乗り切る

ちなみに、妻からの「返信に困る、実況中継のようなメール」は、妻が夫と心の通信線を繋ごうとしているのだと心得よう。だから返信は必須。しかし難しく考える必要はなし。

「バスがなかなか来ない」なら「○○行きのバスはよく遅れるよね。お疲れさま」。「雨降ってきた。嫌だな」なら「雨だね！　気をつけて帰ってね」と、妻の言葉をおうむ返しにすればいいだけだ。これは共感を何よりも大切にする女性脳が日常的に使っているメソッド。

「バスが来ない」というメールに「朝は道が混んでるからね。明日はもっと早く家を出ればいいんじゃない」なんてアドバイスを返すより、情報量はゼロでも心の通信線は繋がる（はずだ）。

お土産を買って、家に帰ろう

妻を思わずにっこりさせてしまう方法はほかにもある。その一つが、お土産作戦。言葉にするのも、メールやメッセージも苦手、というシャイな男性でも、これなら実行可能では。

お土産といっても、高価なものである必要は全然ない。ちょっと美味しいもので、普通のなんでもない日に渡すというのが、ポイント。妻にとって結婚記念日や誕生日のプレゼントは半ば決まりごと。だから、「記念日でもないのに、私のことを気にかけてくれた」ことが胸を打つのだ。

お土産は、会社帰りにデパ地下で購入したお饅頭《まんじゅう》でもいい。しかし、プロセス指向の女性脳は、「相手を思う時間」を感じたいので、「わざわざ足をのばして、あの人気商品を並んで買った」とか「限定商品を予約して買った」とか、時間と手間と心をかけて入手してくれたお土産を持って帰ってきたら、かなりぐっとくる。あるいは、「○○屋の餡《あん》パンが好きって言ってたよね？　今日近くを通ったからさ」なんて、過去の何気ない会話で好きだと言ったものを覚えていたと知れば、美味しさも倍増だ。

プレゼントに「ものがたり」を欲しがるのが女性脳。手のひらサイズの餡パン1個で、かなり大きな愛を感じてくれる。このお土産作戦、月に1～2回できればかなりの好感度アップが期待できる。

「定番の幸せお菓子」を作っておこう

このお土産作戦は、喧嘩をしてしまったときの仲直りにも使える。

ちょっとした口喧嘩だったのに、互いにヒートアップして、ヘビーな喧嘩に発展してしまうことがある。基本的には、逃げずに妻の言い分を（たとえそれが理不尽に感じるものであっても）聞くべきなのだが、妻が「もう顔も見たくない！」などと言い出したら、いったん家を出よう。

互いにクールダウンできるだけでなく、妻は「顔も見たくない」などと言っておきながら、実際に出て行かれると狼狽《ろうばい》するので、その意味でも夫がその場からいなくなるのは効果的だ。

1〜2時間、どこかで時間をつぶしてから家に戻る際に、コンビニやスーパーでお土産を買う。

お土産は、ふたりが好きな「定番の幸せお菓子」がベストだ。

この「定番の幸せお菓子」なるものを一度設定しておくと、これからも避けられない妻との数々のバトルの際に、強力な武器になる。ここで、その作り方を説明しよう。
①「定番の幸せお菓子」は、○○のミルクチョコレートとか、△△のクリームキャラメルとか、□□屋のあずきバーのように、コンビニや近くのスーパーなどで手軽に買えて、それ自体も定番であり、いつもあるものを選ぶ。

②「これ昔から好きなんだ。食べると幸せな気持ちにならない?」と言いつつ、妻にもすすめて一緒に食べる。
③その際に、妻が幸せな気分になれる昔ながらの定番お菓子も聞いておく。
④気の利く妻なら、ときどきそのお菓子を買っておいてくれるようになる(はず)。当然、妻の好きなお菓子もときどき買って帰ろう。
⑤定番のお菓子は、デートのとき、旅行に行くとき、家でくつろいでいるときなどにいつもあるようにしておく。

以上がふたりが幸せな気分になれる「定番の幸せお菓子」の作り方だ。もともと互いに好きな定番お菓子がある場合は、もちろんそれでかまわない。定番のお菓子は、妻が落ち込んでいるとき、忙しそうなとき、疲れているときのお土産としても使える。

「またこれ?」と笑われたら、「だって、君と一緒に食べると幸せな気分になるんだもん」くらい言ってしまおう。

以上のようなシチュエーションを作るのが、今のふたりでは到底無理だという場合は、コンビニの新作スイーツや、コンビニアイスで一番高い、プレミアム◯◯などのアイスクリームをチョイスしよう。

スイーツにするのは、甘いものは、幸せホルモンとも呼ばれるセロトニンの分泌を一時的に促すので、脳の緊張を和らげてくれるからだ。

さて、喧嘩のシチュエーションに戻る。家に帰ったら、(喧嘩の原因がなんであれ)まずは「悲しい思いをさせてごめんね」と妻の「傷ついた心」に謝ってから、お土産を渡そう。夫に出て行かれた動揺と不安が安心に変わり、さらに、ふたりの定番のお菓子を買ってきた夫の気持ちが妻の心を和らげ、たいていの喧嘩はおさまるはずだ。

喧嘩によるネガティブトリガーを小さなポジティブトリガーに変える、ちょっとした魔法である。

3 いくつになっても愛の言葉が欲しい女性脳

男は、妻を褒めるのが苦手だ。

その理由の一つとして考えられるのが、空間認識力が高い男性の拡張感覚。男性脳の拡張感覚は女性脳よりはるかに高く、バイクのメカや道具を、自分のからだの一部のように感じている。まるで、神経が繋がっているような感覚でバイクを操り、道具を使う。そしてどうやら、長く一緒に暮らしている女性を、その能力を使って、自分の一部のように感じてしまうようなのだ。

自分の右手をわざわざ褒めないように、男は妻を褒め続けたりしない。自分の右手に「愛しているよ」と言わないように、男は妻に愛を伝えたりしないのだ。

拡張感覚の低い女性脳は、一体感がないゆえ、言葉の「きずな」を欲しがるが、男には、なかなかその気持ちは通じない。

夫の一部になってしまった妻は、男にとって、一体化すればするほど、愛の言葉ももらえないし、一生懸命料理を作っても「美味しい」とも言われず、髪を切ってきても「いいね」のひとこともないと嘆くことになる。

夫たちよ、褒めることなど思いつきもしないほど一体化した妻に、もし先立たれでもしたら？　きっとからだの一部をなくしたかのような喪失感があるはずだ。ときには、妻に愛の言葉をプレゼントしようではないか。

褒めるときは、幸せなシーンで

自分の気持ちに敏感な女性脳は、大切な相手に対して、褒めたり、慈しむ言葉をかけたりすることを「愛の証」だと思っている。当然のように、相手からも同じような言葉が返ってくることを期待している。

ここで注意をしなければならないのは、男性脳と女性脳では、嬉しいと感じる褒め言葉に違いがあるということだ。対象となるものを基点にして、自分の立ち位置を把握する男性脳は、「一番」と言われるのが好き。たくさんの人の中で、比較されて「あなたが一番」と言われたら気分がいい。

しかし、女性脳が好きなのは、唯一無二。男は、自分が言われて嬉しいから、「君が一番きれいだ」などと言いがちだが、比べる対象がいるだけで、女はなんとなく不愉快な気持ちになる。

だから、「一緒にいることに意味がある。そんな女は君だけだ」「自分にとって、君がオンリーワンの女だ」という言葉はハートに刺さる。

タイミングをはずすと努力もだいなしになる

ときどき、喧嘩の翌朝に険悪な雰囲気をなんとかしようとして、仏頂面の妻に「きれいだね」などと言って、新たな火種を作る夫もいるが、これはダメ。見え透いていて、作戦はバレバレだ。

だから、妻を褒めるときは、本人が幸せな気持ちでいるときが鉄則。たとえば、おしゃれをして出かけたレストランで、白いワンピースを着ている妻に向かって、「今日はきれいだね」と声をかければ、「何言ってるのよ、今更」と言いながらも嬉しいはずだ。

朝ご飯を褒めるのも一緒。しっかり時間をかけて作った朝に「君の朝ご飯を毎日食べられて嬉しいな」と言うのは効くが、忙しくてバタバタして、出来合いをチンして出したようなときに言われたら、「いやみか？」となって逆効果である。

褒め言葉を、マイナスをプラスにするための道具として使うのは、戦略としてはイケてない。幸せなとき、つまりプラスの上にプラスを乗せれば、その効果は予想以上に大きくなる。

見本は欧米の男たち。エスコートをルールにしよう

一日に一度は「愛している」と言い、朝はキスをして「行ってきます」と出かけ、レストランでは奥の席に座らせ、階段を下りるときは、先に立って腕を支え、重い荷物は持ってやり、君はきれいだと囁《ささや》く、ソンナオトコニボクハナリタイ……と、思っているかどうかはともかく、これは欧米の男たちが、日常的にやっている言動である。

男女平等だと叫んでおきながら、こういうときだけ、女をふりかざすなんてズルイと思うだろうか。しかし、哺乳類である人類の女性たちは、残せる個体数が少なく、生殖リスクが高い。だから、比較的栄養に恵まれ、自らが所属する系の中で、比較的優遇されていないと、生殖を安全に完遂できない。つまり、「えこひいきされたい」「大切にされたい」という気持ちは、ふわふわした恋心ではなく、やむにやまれぬ生殖本能なのである。欧米男子たちのレディ・ファーストというマナーは、女性脳の本能にぴったりかなっているのである。

そもそも、男性脳には、女性脳が勝手に夢見る「包み込むような思いやり」という機能はついていない。標準装備ではなく、経験で培うオプションなのである。欧米の男たちとて例外ではない。彼らは、自然に思いやって行動しているわけではなく、子どもの頃から、母親にこのエスコートを男の心得として叩き込まれるのだ。だから、小学生男子であっても、電車やバスでは、女性に席を譲り、レストランでは、おばあちゃんやお母さんが座るまで、決して座らない。

ここは欧米男子にならい、エスコートをルールとして身につけよう。「妻と歩くときは、車道側を歩く」「階段を下りるときは、足元を気遣う」「レストランやカフェでは奥の席に座らせる」「レストランやカフェでは、妻が座るのを待ってから座る」「ドアを先に開けて待つ」など、とりあえずやるべきことはこれくらい。男がルール順守の責務としてやっていることでも、妻には夫の優しさ＝愛だと感じられるから、外出時に妻の機嫌を損ねることは減るはずだ。また、エスコートが自然に身につくようになると、洗練された男に見えて自分も得をする。

言葉の飴玉を欲しがる女性脳

女性脳は、決まりきった言葉を欲しがる癖がある。特に、夫のことが大好きな妻は、「私のこと好き?」「私がいないと寂しい?」と、同じ質問を繰り返す。答えは「もちろん大好きだよ」「寂しいに決まってる」と、これも定型の肯定を繰り返すだけでいい。へそ曲がりな男は、この決まりきった質問に対して「どうかな?」とか「そういう君はどうなの?」と、変化球で返そうとするが、この場合に茶化すのは得策ではない。女はわかりきった定型の答えを、飴玉を舐めるように何度も舌の上で転がして楽しみたいだけなのだから。

女同士なら、「あなたの今日の口紅の色ステキ」「そう? ちょっと派手じゃない?」「ううん、全然。肌の色がきれいに見える」「嬉しい。春だから新しいの買ったのよ」「いいね。華やいで見える」などと、バリエーションを加えながら何度も繰り返す。

したがって、相手の男に飽きていないかぎり、女は「好き?」「もちろん、大好きだよ」みたいな会話を毎日でも繰り返す。つまり、妻から定型の質問が飛んでくるうちは、ちゃんと惚れられているということだ。

変化球やカーブが来る前に直球で勝負しても

ただストレートに「私のこと愛してる?」「好き?」「かわいい?」と投げてくるのは、素直で天真爛漫な妻で、これはわかりやすい。男にとって問題なのは、定型の肯定が欲しいくせに、変化球で聞いてくる妻だ。むしろ、ほとんどの妻の質問は変化球だと思ったほうがいい。ツンケンした態度をとったり、不機嫌になったり、口をきかなくなったりする。そして、「私のことなんてどうでもいいんでしょ」とか「私に1ミリも興味ないよね」などと言い出す。「私はあなたのお母さんじゃない」「あなたはお手伝いさんがいればいいんでしょ」というバリエーションもある。

しかし、求められている答えは一つ。「どうでもいいなんて思ってないよ。君のことが大好きだよ」でいい。

「あなたは、私の料理を何十年も黙々と食べているけれど、美味しいんですか、美味しくないんですか」という熟年離婚申し出のプロローグのような妻の一生分の恨みごとには、「君の作ってくれる料理で、僕は毎日頑張れている。仕事で辛いことがあって、もう何もかも嫌だと思っていた夜に、君のポトフを食べて生き返った日もある。本当に感謝しているよ」と、一生分の飴玉をあげよう。

つまり、ストレートであれ、カーブであれ、フォークであれ、女がなんだかんだと絡むような物言いをしてくるのは、この「飴玉」が欲しいからだ。

とはいえ、わかっちゃいるけど、その飴玉をなかなか言えないのが男性脳。この場合もルールとしてのエスコート術が役に立つ。妻の飴玉おねだりがうざかったり、面倒だったりするなら、先手必勝。先に飴玉をあげてしまえばいい。

欧米の男たちのように「愛しているよ」「大好きだよ」が言えたらいいが、恥ずかしかったら「ありがとう」でも十分なのだから。

4 それでも別れないほうがいい理由

本書をここまで読んで、「なるほど納得」だろうか。それとも「やっぱり女って面倒くさい」だろうか。こんなに手間暇かけて、機嫌をとって、それでもきっと文句ばかり言う妻。もう、別れちゃってもいいかもしれない？

同居期間が20年以上の熟年離婚が増えている。厚生労働省が発表しているデータによると、同居期間が20年以上の離婚件数について、1985年には2万4 3 4組だったが、2015年には3万8 6 4 1組に変化。つまり、この30年で熟年離婚は2倍近く増えていることがわかる。同居期間30年以上の離婚件数に至っては、この30年で約4倍に増えている。

離婚の原因・理由は、異性問題、浪費や借金、肉体的暴力、精神的暴力、経済的虐待など、客観的に見てはっきりわかるもの以外に、長い年月をともに過ごした夫婦ならではの原因・理由がある。

それが、「この先もずっと、この人と一緒に人生を歩んでいく自信がない」というもの。人生100年時代になり、60歳で定年退職を迎えても、人生はあと40年近く残されている。その年月を「この相手とともに過ごしていけるかどうか？」と考えたとき、自分らしく生き直すために離婚という選択をするケースが増えているのだ。

ここでは、ともに人生を歩む自信がなくなる「妻からの理由」を挙げてみる。

●**夫が家にいることがストレス**

夫が定年退職し、一日中家にいることで、今まであまり気にならなかった生活習慣の違いが、妻のストレスになる。

●**性格の不一致**

結婚当初から性格が合わないことに気づきながらも、子どもや生活のためにずっと我慢していた。しかし、一緒に過ごす時間が増えることで、我慢の閾値を超えて何もかもが嫌になってしまう。

●会話がない

子どもがいるうちは気がつかなかったが、夫婦ふたりになると会話が続かない。寂しいだけでなく、一緒にいる意味がわからなくなる。

●価値観の違い

歳をとるに従い、価値観のズレがどんどん大きくなってきた。

●義理親の介護問題

介護の負担が妻に偏る。また、それに関しての感謝がない。労《いた》わりの言葉がない。夫や義理親に対する積年の恨みが噴出する。

●家事に関する不満

夫は退職してのんびり過ごしているのに、妻には退職がない。夫が家にいるようになって家事が増える。また、家事に対して無関心、家事に口出しをするなど。

これらが、妻が長年連れ添った夫と離婚したくなる「夫に見えにくい原因や理由」である。妻にとっては、昨日今日、別れを思い立ったわけではなく、夫の定年、子どもの独立、親の介護などをきっかけに引きずり出された、過去のネガティブトリガー総決算の結果なのだ。

「責務を果たす」という愛は女性脳には通じない

しかし、夫にとって不幸なのは、男性脳の「愛の証」と女性脳の「愛の証」がまったく違うことにある。

男性脳にとっての愛の証は、責務を果たすことだ。小学生は、小学校へなんの疑いもなく通う。「将来のために必要だから」とか「好きだから」とかいちいち考えない。男の愛は、これに似ている。

小学校のほうも、小学生を裏切らない。どんな小学生でも「君は、小学校が好きじゃないようなので、今日の給食、君の分はありません」とは言われない。毎日行きさえすれば、毎日教室に席があって、毎日美味しい給食が食べられる。男が思い描いている女の愛も、そういうものである。だから、男は、雨の日も風の日も、二日酔いの朝も当たり前のように仕事に向かい、家に帰り、稼ぎを渡す。それが男の「愛している」だ。

ところが、女という「小学校」は、男の気持ちを勝手に探る。男たちは思いもよらないことで「誠意がない」「心がない」と判断されて、席が教室の外にあったり、給食がなかったりする。女という小学校は、けっこうひどい。

夫を救う女性脳のリスクヘッジ能力

しかしそれでも、妻がいたほうがいい理由がある。現実的なことを言えば、まず、健康寿命が違う。『人口学研究』第33号「日本の配偶関係別健康余命」(小松隆一・齋藤安彦)によると、妻と離別した男性は、妻がいる場合と比べて、40歳時での健康余命が約10年短くなるという結果がある。

また、東洋経済オンライン「なぜ『離婚男性』の病気死亡率が高いのか」(荒川和久)によると、既婚・未婚・死別・離別で比べた場合の死因と死亡率では、病死・不慮の事故・自殺のすべてにおいて、離別の男性がダントツで高い。病死の場合、悪性新生物・白血病・糖尿病・心疾患(高血圧症を除く)・脳血管疾患・大動脈瘤及び解離・肺炎・肝疾患・腎不全のすべての項目で、離別が高く、特に糖尿病は妻がいる男性の10倍以上、肝疾患は8倍以上という結果もある。このことから、離婚後の男性の生活のサイクル、食生活の乱れ、アルコールへの依存が浮かび上がる。

さらに、妻に対する心の依存度も夫は高い。内閣府の『第7回高齢者の生活と意識に関する国際比較調査結果』で「心の支えとなる人」の調査結果を見ると、日本人男性は、1位が配偶者あるいはパートナーで78・8%となり、2位の子ども(養子を含む)

48・3%を大きく上回る。ちなみに、日本人女性の場合は、1位が子ども（養子を含む）で65・0%、2位が配偶者あるいはパートナーで54・0%である。

日本、アメリカ、韓国、ドイツ、スウェーデンの5ヵ国の調査結果が出ているが、韓国、ドイツ、スウェーデンも男性の1位は配偶者あるいはパートナー（アメリカは2位）。女性が配偶者あるいはパートナーを1位にした国はなかった。

女性の察する能力は、本人の想像をはるかに超えて、本人も無意識のうちに大切に思う存在のわずかな変化に気づいている。

目の前のものを舐めるように見て、ちょっとの変化を見逃さない能力で、もの言わぬ赤ん坊の健康状態がわかるし、子どもや夫の病気も察知するし、嘘も見破る。「なんとなく気になる」というのが、女性脳のリスクヘッジのトリガーであり、夫はそれに命を救われているのだ。

ロうるさいのは、一緒に暮らす気があるから

女性脳のリスクヘッジトリガーは、一日中、あらゆる場面で発動される。「歯磨きした？」「お風呂に入って」「ソファじゃなくて、ちゃんとベッドで寝て」「一口目は野菜から」「ビール飲みすぎ」「タバコはやめて」といった生活習慣から始まって、「テーブルに直接熱い鍋を置かないで」だの「お風呂から出たら換気扇を回して」といった、家庭の決まりごとまで、事細かに注意・命令を繰り出してくる。

うるさいことこの上ないが、妻がガミガミ言うのは、夫と長く一緒に暮らしたいからなのだ。歯磨きをサボって歯周病になれば、歯を失うだけでなく、心疾患や糖尿病のリスクも高まる。テーブルだって同じ。1回熱い鍋を置いただけでは、なんの変化も起きないテーブルも、長い文脈で物事を見る女性脳は、2回、3回と夫が同じことを繰り返しているのが見える。そして繰り返すうちに、テーブルの塗料が剝げて、ダメになっていく未来も見える。

妻は男の守り人なのである。

察することが愛だと思う女性脳。褒めて、認めてもらいたい女性脳。自分だけを特別扱いしてほしい女性脳。ときには、愛の言葉や甘い優しい言葉も欲しがる女性脳。どれもこれも、男性脳からすると難儀な脳ではある。しかし、女性脳が拗《す》ねたり、怒ったり、口うるさかったりするうちは、まだ夫に惚れている証拠。妻のためと思わずに、自分のリスクヘッジのために、妻の女性脳をせっせと慰撫しようではないか。

おわりに
～本当にいい夫の条件～

この本の冒頭に、「妻から放たれる弾を10発から5発に減らそうというのが、本書の目的である」と書いた。なぜ、ゼロを目指さないと思いますか？

実は、脳科学的に「いい夫」とは、時に妻の雷に打たれてくれる夫のことだからだ。

女性脳は、家事と育児を片付けるため、生活の中で、あらゆる気づきとタスクを多重させて走らせている。このため、日々をただ生きているだけでストレスがたまる脳なのだ。さらに周産期から子育て中の女性は、ホルモンバランスが激変していくので、生体ストレスが半端ない。

女性たちは、ときどき、このたまったストレスを〝放電〟する先を探しているのである。そんなとき、まんまと夫が何か気に障ることをしてくれると、気持ちよーく放電できる。

夫が完璧だと、その放電先が子どもになったり、自分に跳ね返ってうつに転じたりして、危なくてしょうがない。いい夫とは、「おおむね優しくて頼りがいがあるが、時に下手をして、妻を逆上させる男」にほかならない。

逆上されたからといって、すべての原因が夫なのではないのである。だから、原因を真面目に究明しようとしても、公明正大に改善しようとしても、まったく埒《らち》が明かない。女はただ怒るために、怒っている。本人も気づいていないけれど。

……そう、女は、本当のところ、かなり理不尽なのである。

しかし、その女性脳のストレスは、夫の6倍近い家事や「家族のための気づき」を休みなく行っている結果、たまったものだ。その放電の手伝いをするのは、ある意味、理にかなっていると言えなくもない。

夫が家事を完璧にこなしてやり、親身に話を聞いてやれば、放電は少ない。家事や会話をサボれば、放電は多い。女と暮らさなければ放電はないが、生活をすべて自分で回さなきゃならないし、多くの場合、生きる意味を見失う。男の人生とは、この三択なのである。さて、あなたは、どれを選ぶのだろうか。

昔は、怒りを爆発させることを「雷を落とす」と言ったものだが、ストレスの放電は、雷に本当によく似ている。

なぜなら、「一番、高いところ」に落ちるからだ。

夫って、なぜだろう、この世で一番腹が立つ。そういう女性は、とても多い。さもありなん。だって、それは、夫が彼女の脳の中で最も高い場所にいるからだ。最も期待し、最も求めている相手だから。

つまり、理不尽な怒りもまた、愛なのである。

夫婦というのは面白い。

かつて、永遠の愛を誓ったあの日の煌《きら》めくような「愛」とは、似ても似つかないところに「愛」の正体がある。しかし、結婚も35年を超えれば、「理不尽な怒り」と「とほほ（苦笑い）」こそが、暮らしのアクセントであり、生命力の源であり、ふたりにしかわからないいきずなになるのである。

結婚の初め、「この人がいなければ生きていけない」と思った、その気持ちの色合いとは全然違うけれど、私は、またあらためて「この人がいなければ生きていけない」と思っている。私の感情の露出に、まったく動じないのは、この人だけだから。思いっきり放電できて、手放しで泣いてなじって甘えられる、唯一無二の相手だから。

子育ての最中には、御多分にもれず、「一緒の部屋の空気を吸うのもいや」と思ったこともあったけれど、あのとき、手放さないで本当によかった。あのとき、見捨てないでくれて、本当によかった。

多くの結婚35年超えの妻たちが口にする実感である。夫婦の道は、照る日も曇る日も嵐の日もあるけれど、継続は力なりである。最後の峠に咲く花は、案外、優しくてふっくらしている。

これから、この道を行く多くの夫婦が、この苦難と豊穣の道を、どうか賢く切り抜けてくれますように。『妻のトリセツ』を手にとってくださって、本当にありがとう。

最後に、この本の骨子をまとめてくださった凄腕ライターの坂口ちづさんに心から感謝申し上げます。

編著者　黒川伊保子

取材・原稿　坂口ちづ
企画編集　株式会社 童夢

黒川伊保子
1959年、長野県生まれ。人工知能研究者、脳科学コメンテイター、感性アナリスト、随筆家。奈良女子大学理学部物理学科卒業。コンピュータメーカーでAI(人工知能)開発に携わり、脳とことばの研究を始める。1991年に全国の原子力発電所で稼働した、"世界初"と言われた日本語対話型コンピュータを開発。また、AI分析の手法を用いて、世界初の語感分析法である「サブリミナル・インプレッション導出法」を開発し、マーケティングの世界に新境地を開拓した感性分析の第一人者。近著に『前向きに生きるなんてばかばかしい　脳科学で心のコリをほぐす本』(マガジンハウス)、『女の機嫌の直し方』(集英社インターナショナル)など多数。

講談社＋α《プラスアルファ》新書　800-1 A
妻《つま》のトリセツ
編著
黒川伊保子《くろかわいほこ》
2018年10月18日第 1 刷発行
2025年 4 月23日第42刷発行

発行者―――――　篠木和久
発行所―――――　株式会社 講談社
東京都文京区音羽2-12-21 〒112-8001
電話 編集(03)5395-3522
販売(03)5395-5817
業務(03)5395-3615

デザイン――――　鈴木成一デザイン室
カバー印刷―――　共同印刷株式会社
印刷―――――――　TOPPANクロレ株式会社
製本―――――――　株式会社国宝社
本文データ制作――　ごぼうデザイン事務所

KODANSHA

定価はカバーに表示してあります。

落丁本・乱丁本は購入書店名を明記のうえ、小社業務あてにお送りください。

送料は小社負担にてお取り替えします。

なお、この本の内容についてのお問い合わせは第一事業本部企画部「＋α新書」あてにお願いいたします。

Printed in Japan
ISBN978-4-06-513339-2

講談社＋α新書